사장님, 소주 한잔 하시죠

CEO들의 세상 사는 이야기

손성태 외 지음

한국경제신문

그들과의
노변정담

전화도 인터넷도 없던 시절, 우리네 살이의 정보 길라잡이는 노변정
담(爐邊情談:화롯가의 정겨운 이야기)이었다. 숯을 넣은 질그릇 화로에 손
이 델세라 노랗게 익은 고구마를 꺼내 먹으며 도란도란 이야기꽃을
피우며, 주고받던 정보에는 정情이 묻어났었다. 장작 화톳불을 호호
불어가며 구워 먹던 돼지고기 맛을 잊지 못하는 세대, 그들이 산업 현
장에 뛰어들어 흘린 땀과 정성으로 오늘의 한국 경제가 일궈졌다.

인터넷과 모바일이 넘쳐나는 요즘엔 화롯불 대신 컴퓨터와 휴대
폰이 대화의 매개체로 자리 잡았지만, 정작 우리들은 예전 노변정담
을 그리워한다.

2년 전 한국경제신문은 'CEO의 세상 사는 이야기' 란 장기 연재코
너를 신설하고, 촌각을 다투며 사는 바쁜 기업의 최고경영자CEO들

을 선술집으로 불러냈다. 지난 수십 년을 한 길로 정진한 그들의 인생역정을 조명해보자는 의도에서다.

통상 10여명의 기자들이 때로 참석해 진행했던 인터뷰는 장소와 시간을 제외하곤 정해진 것도 없었다. 그야말로 백지상태에서 CEO의 과거와 현재를 샅샅이 파헤쳤다. 회사 경영하는 얘기보다, 성공한 경영인이 되기까지 고생담과 인간적 고뇌 등을 파악하는 데 주력했다. 한 짓궂은 기자가 청년 시절 가슴 아파했던 연애 비사를 묻는가 하면, 다른 기자는 쉴 틈을 주지 않고 현재의 재정상태를 파악하겠다며 지갑을 들춰달라고 요구하기도 했다.

팽팽한 긴장 속에 시작한 인터뷰는 몇 순배 술잔이 돌면 흥겨운 노변정담으로 변했다. 통상 초저녁에 시작해 자정께 마라톤 인터뷰를 끝내고 나면 CEO들은 하나같이 2차 술자리로 기자들의 소매 끝을 잡아끌었다.

산전수전, 공중전까지 거쳐온 그들이 허심탄회하게 쏟아낸 말들은 하나 버릴 게 없었다. 때문에 통으로 2개면을 털어 지면을 할애했는데도 데스크와 기자는 항상 지면부족을 탓했고, 뭉텅 뭉텅 잘라내야 했던 CEO들 삶의 편린들을 보면서 안타까워도 했다.

한국경제신문의 지면에서 미처 다 전하지 못한 'CEO의 세상 사는 이야기'를 충실하게 보완해 단행본으로 꾸미게 된 이유다.

CEO들이 들려준 얘기엔 무릎을 치고 경청해야 할 삶의 지혜가 담겨 있었다. 환희와 탄식이 교차했던 그들의 사연을 듣노라면 4시간의 예정된 시간은 후딱 지나가곤 했다.

'CEO의 세상 사는 이야기'가 연재된 후 독자들의 반응은 뜨거웠다. 기업체 취직보다는 공무원 고시열풍이 불고 있는 작금의 현실에서, 대학생을 포함한 취업준비생들에게 CEO들의 '성공스토리'가 적잖은 반향을 불러일으켰다는 외부 평가는 듣던 중 반가운 소식이었다. 자사 혹은 타사 CEO의 인간적 면모들은 직장인들 사이에 화제가 됐고, CEO 등 경영자들도 놓치지 않고 꼼꼼히 챙겨 읽었다는 후문이다. 성공한 기업인으로 우뚝 서기까지 그들이 걸었던 평범하지만, 조금은 남달랐던 삶들이 잔잔한 감동을 선사했기 때문이리라.

이 코너는 파격적인 형식과 내용 등 측면에서도 신문업계에도 신선한 충격을 던졌다고 자부하고 있다. 어쨌든 밤 깊은 선술집에 건져 올린 삶의 정수들은 자신의 분야에서 최고가 되기를 꿈꾸는 수많은 젊은이들에게 꿈과 용기를 심어주고, 부끄럽지 않게 현대사를 살아온 중·장년층에게는 스스로의 모습을 되돌아보는 계기가 됐으면 하는 바람이다.

이 자리를 빌려, 귀한 시간을 내준 CEO들과 밤늦게까지 열의를 갖고 인터뷰를 해준 한국경제신문 기자들에게 감사의 뜻을 전한다.

2008년 4월
한국경제신문 편집국장 김영규

contents

협상의 달인

_이기태 삼성전자 부회장

이기태 부회장은 1948년생으로 대전 보문고와 인하대 전기공학과를 졸업했다. 육군통신학교 교관(학군단 9기)으로 군복무를 했다. 1973년 삼성전자에 입사해 삼성전자 비디오사업부 부장, 무선사업부문 이사를 거쳐 2001년 삼성전자 정보통신총괄 사장, 2007년 기술총괄 부회장에 선임됐다. 그가 정보통신과 인연을 맺은 것은 1994년 무선사업부 이사를 맡으면서부터였다. 그때부터 이 부회장은 발군의 노력과 번뜩이는 아이디어로 사업부를 발전시키면서 그 공을 인정받아 2000년 정보통신총괄 대표이사 부사장에 올랐고, 그 이듬해 정보통신총괄 사장으로 고속 승진했다.

막말을 해도 진심을 알아들을 수 있는
일촌관계를 형성하는 것,
인간관계에서 이보다 중요한 건 없다!

이기태 삼성전자 부회장과의 인터뷰는 마포의 어느 조그마한 연탄구이집에서 진행됐다. 두툼한 돼지 목살과 빈대떡 두어 장, 묵은 김치 몇 조각을 놓고 저녁 8시부터 시작된 인터뷰는 밤 11시 30분이 되어서야 끝났다. 독실한 기독교 신자인 이 부회장은 힘겹게 소주 서너 잔을 비웠지만 격의 없이 술자리에 어울렸으며 기자들의 잇단 질문을 특유의 화법으로 받아쳤다. 대화 도중 이건희 삼성전자 대표이사 회장에 대한 이야기는 딱 한 번 나왔다. "이건희 회장님에게 전도해볼 의향이 있습니까?"라는 질문에 "누구에게나 종교의 자유가 있잖아요"라고 에둘러 대답한 대목이었다.

Q 어릴 적 꿈과 삼성에 입사하게 된 계기는 무엇인가요?

A 어렸을 때에는 변압기 모터의 철근을 파는 전업사 사장이 되는 게 꿈이었다. 당시 우리 동네에선 대단히 인기 있는 직업이라 나는 언제 전업사 해보나 했다. 그래서 전업사 해보려고 전기공학과를 선택했을 정도다. 지금 생각해보면 어릴 적 꿈이 그만큼 중요한 것 같다.

ROTC 시절에는 전방에서 받는 월급으로 오토바이 사서 전업사를 차려볼까도 생각했다. 그런데 전방으로 못 가고 육군통신학교 교관이 됐다. 그러나 다행히 통신학교 교관을 지내며 통신기술에 대해 학교에서보다 더 많이 배울 수 있었다. 당시의 최첨단 장비를 다룰 수 있는 것은 나 같은 공대생에게 행운이었다. 안테나만 뽑으면 전 세계로 다 통하는 SSB(single sideband; 신호 전달에 중요한 역할을 하는 측파대 하나만을 이용해 전송하고 다른 측파대는 억제하는 것) 전송 장비를 매일 떡 주무르듯 주물러댔다. 그 장비는 당시 시가 1억 달러로 어마어마한 고가였다. 그래서 '고장 나면 큰일 난다'는 말을 매일같이 들어야 했다. SSB 장비에 대해 2년 동안 열심히 공부하고 나니 이 분야에선 회로만 보면 바로 아는 전문가가 됐다.

남들은 소위 '백'이 좋아 통신교관이 됐겠지 하지만 순전히 우연이었다. 당시 별 연줄이 없어 당연히 전방에 가겠다 싶었는데 1군 차출 명단에선 빠졌고, 2군과 3군에서도 이름이 없었다. 사령부 명단에도 없었고, 결국 마지막으로 남은 열 명 인원이 통신학교 교관으로 배정됐다. 그때 나는 무선학부를 담당했다.

삼성에는 부자가 되고 싶어서 입사했다. 당시 삼성은 제일가는 부자 회사였고, 이병철 회장이 우리나라에서 최고 부자였다. 부자가 되려면 부자가 하는 대로 하면 되겠지 싶어서 들어갔다. 게다가 제대 3~4개월을 앞두고 계엄이 선포됐는데 대전에 파견 갔다가 돌아오니 삼성에서 ROTC 출신 지원자를 뽑는다고 해서 무작정 지원했다. 삼성맨이 된 것은 자율의지였다기보다는 당시 상황에 따른 선택이었다는 생각이 든다.

Q　삼성의 인재관은 무엇이며, 좋아하는 상사와 부하직원의 스타일이 있다면요?

A　삼성에선 사람을 까다롭게 뽑지 않는다. 과거엔 그저 논술만 봤다. 시험지 넉 장 주고 제목에 따라 논리적으로 생각을 정리하라고 했다. 이런 시험이 체질에 맞는다. 외운 걸 쓰라고 하면 골치 아프지 않은가.

역사, 물리나 화학 문제처럼 실제로 못 본 걸 쓰라고 하면 못 쓴다. (웃음) 1 더하기 1은 2 하는 식의 직선적인 사고는 한계를 갖게 마련이다. 조직에는 환경에 맞게 변화하는 사고가 필요하다. 그래야 진화론에서도 살아남는다. 1, 2, 3 다음엔 꼭 4가 온다는 것이 과거 우리나라의 교육이었다. 하지만 어떤 것이라도 올 수 있고, 그런 창조적 사고를 해야만 조직과 자신을 키울 수 있다.

내가 과장 시절에 받았던 삼성직무능력시험SSAT이란 게 있다. 당시엔 몰랐지만 이 시험도 정답을 쓰려고 하면 틀린다. 다수의 의견이 아닌 자신의 의견을 써야 높은 점수를 받을 수 있다. 물론 창조적인 생각이 말처럼 쉬운 것은 아니다. (쓴 소주를 반 잔쯤 마신 뒤) 물론 입사하자마자 창조력이 생기는 것도 아니다.

일단 문제의 본질을 아는 게 중요하고, 훈련을 통해 원인 분석과 해법에 대한 여러 가지 경영 기법을 터득해야 한다. 아무 생각 없이 남의 것 따라하고 짜깁기하는 건 절대 안 되고, 기법에 능통하더라도 적용을 못하면 말짱 '꽝'이다. 거기서 실력 차가 나오는 거다. 돈 주고 MBA(경영학 석사) 따러 갈 필요 있나. 외국 대학 MBA도 현실에 제대로 적용하지 못하면 맞지 않는 옷을 입으러 가는 것과 마찬가지다. 현재 삼성이 S급 인재를 중용하고 강조하고 있지만, 전체 직원들의 점수는 80점 정도다. 삼성이 초일류 기업으로 더 비상하려면 전 직원이 100점을 목표로 해야 한다.

높이뛰기를 예로 들자. 대구에서 챔피언이 되려면 1미터 30센티미터만 뛰어도 된다. 그러나 국내 챔피언은 1미터 50센티미터, 세계 챔피언이 되려면 2미터는 뛰어야 되고 혹독한 훈련을 각오해야 한다. 한 번 죽었다 깨어나면서 모든 구조를 바꿔야 한다는 얘기다. 어설픈 훈련으로 세계 챔피언이 된다는 건 말도 안 된다.

좋아하는 부하직원은 내가 일일이 챙기지 않아도 다 해놓거나 일부 지시만 해도 전체를 알아서 하는 스타일의 직원이다. 그런 직원이 전체 부하직원 가운데 3~4퍼센트 정도 된다. 사실 전체 조직에서 그런 부하가 3퍼센트만 있다고 해도 많은 거다. (얼굴이 밝아진다. 정말 만족스러운 표정이다.)

무능한 부하직원은 실수를 반복하는 직원이다. 직원을 평가할 때 실수와 실패는 구별할 필요가 있다. 실수는 과정이고 실패는 결과다.

실수가 곧 실패는 아니다. 물론 연속적으로 실수하면 바보다. 개인적으로 네 차례까지 연속적으로 실수하는 것은 실패로 본다. 회사에선 승부수를 띄워야 하는데 매번 실수하는 사람을 쓸 수는 없지 않는가.

상사는 좋을 수도 있고 싫을 수도 있다. 하지만 그렇게 모든 것을 비교하다 보면 직장생활이 어려워진다. 비교하면 고통이 따른다. 가능하면 비교하거나 신경 쓰지 말아야 한다. 됨됨이가 안 된 상사는 오래 못 간다. 길어봐야 1년. 회사가 가장 잘 알고, 솎아내게 마련이다.

Q 인간관계에 대한 소신과 부회장님만의 강점을 꼽는다면 무엇일까요?

A 실수가 잦은 직원을 쓰지 않는 것처럼 말했지만 사실 그렇게 모질지 못하다. 정말 어려운 처지에 있는 부하라면 끝까지 몰아붙이기보다는 쓰러지려고 하면 잡아준다. 그래야 조직에 보탬이 된다. 그게 나이테를 먹는 거다. 나이테를 먹으면 더 단단해져 한순간의 바람에도 흔들리지 않는다. 이런 것이 관계형성이고, 인간관계의 가장 중요한 요소가 아니겠는가. 일본이 '잃어버린 10년'을 겪으면서 캐논이나 샤프 등의 회사가 다시 평생직장으로 돌아가는 게 그래서다. 인간관계의 중요성을 새삼 깨달았기 때문이다. (그는 부모 형제를 예로 들며 '일촌'이라는 단어를 썼다. 그리고 일촌이란 막말을 해도 진심을 이해하는 관계라고 설명했다.)

이런 소신대로 행동하다 보니 인사와 관련된 말썽이 없었다. 부하직원들의 인사평가 역시 잘못해본 적이 없다고 생각한다. 그건 확실하게 얘기할 수 있다. 난 회사생활을 해오면서 경쟁자들과 협력하는 법을 터득했기 때문에 이 자리까지 올 수 있었다.

그동안 직장생활을 하면서 '이것이 내 의자다' 하면서 싸운 적은 없었다. 거짓말처럼 들리겠지만 사장이 되고 싶은 생각도 없었다. 그저 작은 선택과 그 선택의 결과치가 모여서 여기까지 온 거다. 물론 야망을 품지 않았다면 거짓말일지 모른다. 아침마다 사장이 되자고 외친 건 아니지만 어느 순간부터 머릿속으로는 생각해왔다. 하지만 중요한 것은 갑자기 사장이 된 것이 아니라 작은 선택들을 잘해서, 또 그것들이 쌓이고 쌓여서 됐다는 점이다.

(한참을 고민하다가) 경영자로서의 나의 강점은 자신감이다. 용기와 대담함, 거기에 덧붙인다면 실무에 강하다는 점 정도가 아닐까. 과거에는 뭔가 결정할 때 오해 생각해야 했고 두려움을 느꼈지만 지금은 좀더 빠르고 실패 없이 결정할 수 있는 역량이 생겼다.

Q　　경영자가 아닌 가장으로서의 점수는 몇 점을 주실 건가요?

A　　가장으로서 나 자신을 돌아본 적이 별로 없다. (웃음) 시간 있으면 집에 가서 봉사도 한다. 집사람 발도 주물러 주고, 주일에는 교회 가기 전에 남대문 시장에 들러 순대국밥도 같이 사 먹고, 그런 자질구레한 게 일상의 행복이다. (그는 현재 큰아들과 함께 일본에 살고 있는 며느리 자랑이 대단했다. 일본으로 유학 간 아들이 스물넷에 결혼했는데 손자가 벌써 둘이란다.) 며느리가 집에 오면 손톱 발톱 깎아주고 안마도 해 준다. 미대 조소과 출신이라 그런지 며느리 힘이 되게 세다. 그림도 쓱쓱 잘 그린다. 휴대폰 그려봐라 하면 쓱쓱.

아들 둘에 딸 하나를 뒀는데 다들 밥벌이는 하고 산다. 나는 아이들 자랄 때 크게 상관하지 않았다. 바쁘기도 했지만 기본적으로 스스로 하고 싶은 일만 하라고 하는 게 부모의 역할이다.

재테크 능력은 별로 없다. 얼마 전에야 잠원동에 집 한 채를 장만했다. (이 부회장은 구미 공장과 서울을 오가면서 여러 해 동안 서울에서 전세를 살다가 2년여 전 잠원동에 집을 마련했다.)

이기태 부회장의 마케팅 능력은 세계적으로도 정평이 나 있다. 지금도 1년에 절반 정도를 해외에 머무르며 굵직한 계약들을 따낸다.

과거 애니콜 브랜드가 널리 알려지지 않았던 시절, 품질에 의구심을 갖는 바이어 앞에서 휴대폰을 바닥에 내동댕이친 일화는 너무도 유명하다. 죽어라고 내리쳐도 통화 품질에 전혀 이상이 없다는 사실을 확인시켜 주기 위한 것이었다. 이 부회장은 예나 지금이나 거침없고 활달한 영업력을 보여주고 있다.

그런 이 부회장에게 왜 저가 휴대폰을 팔지 않느냐고, 그 때문에 시장점유율이 떨어지고 있는데 무슨 대책을 세워야 하지 않느냐고 물었다. 이 부회장의 대답은 간단명료했다.

"팔지 않는 것도 마케팅입니다. 내가 팔 수 없는 형편이라면 팔지 않는 게 상책입니다. 그걸 팔지 않는다고 미래에 불확실성이 있다고 얘기하는 것은 잘못 아닐까요? 저가 휴대폰을 만들려면 중국 등 개발도상국에 생산시설을 확충해야 하는데, 그게 싫더군요. 현재 수출하는 휴대폰의 70퍼센트는 국내에서 만듭니다. 물론 중국에서 만들면 생산 단가는 훨씬 낮출 수 있지요. 하지만 국내 산업은 어떻게 되겠습니까? 우리에게 목매달고 있는 수많은 협력업체들도 생각해야지요. 휴대폰 고가 전략은 삼성전자의 생존 전략이기도 하지만 동시에 상생 전략입니다."

이 부회장은 10년 후에도 애니콜이 지금과 같은 위상과 브랜드 파워를 유지할 수 있겠느냐는 질문에 대해서도 특유의 자신감을 나타냈다.

"삼성 제품이 미래에 대한 준비를 잘 하고 있느냐고 물어봤을 때, '예스' 하면 10년 후를 잘 준비하고 있는 것입니다. 제품 외에 연구개발과 인재에 대한 투자에 대해서도 '예스'라는 대답을 할 수 있으면 다 된 것 아닐까요?"

삼성전자와 이기태

이기태 부회장에게는 '최초'라는 수식어가 늘 따라붙는다. 국내 최초 아날로그 휴대폰 개발, 세계 최초 CDMA 상용화……. 그 가운데 그가 만들어낸 최초의 신화는 '애니콜Anycall'이다.

아날로그에서 디지털 시대로의 전환기였던 1994년 1월, 그는 무선사업데이터부문 이사로 발령이 났다. 1973년 7월 삼성전자에 발을 내디딘 지 21년 만의 일이었다. 무선사업은 당시 삼성전자에서 '잘나가던' 비디오나 팩스사업부에 비해 보잘것없는 사업부였다. 입사 후 내내 음향 부분에서 실력을 쌓았던 그에게 사업성이 희박해 보이는 무선사업은 큰 도전이었다.

그는 '가볍고 튼튼하고 성능과 디자인이 좋은' 휴대폰을 만들기로 결심했다. 그러나 그는 1995년에 무선전화기 품질에 문제가 있다는 보고를 듣게 된다. 불같은 성격의 소유자였던 그는 시중에 있는 모든 제품을 태워버리라는 지시를 내렸다. 500억 원이 넘는 무선전화기 15만 대가 그의 말 한마디에 잿더미로 변했다. "완벽한 휴대폰이 아니면 내놓지 않겠다"는 그의 강단이 오늘의 삼성전자를 이끌어가는 '애니콜' 신화의 시발점이 됐다.

1995년 100만 대였던 삼성전자 휴대폰의 생산량은 2005년부터 190만 대를 넘어섰다. 이제 전 세계 물량이 24퍼센트가 삼성전자 제품이다. 눈에 보이지 않는 삼성전자의 브랜드 가치를 올리는 데에도 그의 애니콜 신화는 큰 역할을 담당했다. 2006년 기준, 삼성전자의 브랜드 가치는 약 169억 달러로 뛰어올랐다. 이 부회장은 2007년 1월부터 삼성전자의 미래 기술을 책임지는 기술총괄 부서를 진두지휘하고 있다. 차세대 정보통신으로 불리는 4G(4세대)기술 상용화와 반도체 차세대 기술 등 IT(정보기술)업계의 흐름을 바꿀 '메가 기술'을 준비하고 있다.

논리와
감동의 리더

_박찬법 금호아시아나그룹 항공부문 부회장

박찬법 부회장은 1945년 전남 영광에서 태어났다. 서울 배재고와 경희대 정치외교학과를 졸업한 뒤 1967년 한국과학교재공사에 들어갔으나 2년 만에 직장을 옮겨 금호에 입사, 금호아시아나그룹과 인연을 맺었다. 금호에서는 20년간 '종합상사맨'으로 수출전선을 누비며 영업담당 이사까지 올랐다. 1990년 새로 출범한 아시아나항공 영업담당 상무로 전격 발탁돼 지금까지 근무하고 있다. 아시아나항공 사장과 부회장을 거쳐 최근 그룹의 항공부문 부회장을 맡았다.

교육의 90퍼센트는 가정교육에 있다.
우리나라의 공교육이 무너진 것도
가정교육이 먼저 무너졌기 때문이다!

영업을 잘하는 사람들은 대체로 말을 잘한다. 상대방 귀에 쏙쏙 들어오는 말만 골라서 한다. 화제가 지루해질 만하면 좌중이 눈치 채지 못하게 끊고 다른 얘기를 끄집어낸다. 박찬법 부회장은 청산유수와 같은 언변으로, 때론 연륜의 무게를 느끼게 하는 금과옥조 같은 이야기로 좌중을 압도했다. 박 부회장은 샐러리맨 생활만 40년을 해왔다. 시쳇말로 복 받은 샐러리맨이다. 하지만 젊은 시절 중동과 아프리카의 야시장을 누비며 온갖 고초를 겪었던 이야기를 듣다 보면, 세상에 공짜는 없으며 저절로 되는 일도 없음을 느낄 수 있다. 예나 지금이나 '금호 최고의 영업통'으로 통하는 박 부회장을 작은 식당에서 만났다.

Q 샐러리맨 '성공 신화'의 대표적 인물로 꼽히는데, 직장생활의 성공 비결이 있다면 무엇인가요?

A 지금 떠올리자면 과장 됐을 때가 제일 기뻤다. 과장은 입사 후 3년 만에 달았으니 빠른 편이었다. 그때 당시엔 전혀 승진하리라는 기대가 없었기 때문에 더 기뻤던 것 같다. 사장 자리에 오를 때는 어느 정도 예상했기 때문에 과장 됐을 때의 기쁨보다는 덜했다.

내가 과장이었을 때는 일을 참 많이 했다. 책임감도 강했다. 허위

의식일지는 모르지만 멸사봉공의 정신이 강했다. 요즘엔 그런 정신은 다소 부족한 것 같다. 어느 것이 옳다 그르다 말할 수 있는 것은 아니지만, 다만 과장 자리에서의 평가와 인식은 평생 간다는 것을 명심해야 한다.

나는 회사생활을 해오며 되도록 긍정적 사고를 유지하려고 노력했다. 그래서 '근거 없는 낙관론자'란 질타도 많이 받았다. 하지만 외환위기 때처럼 모두가 비관적일 때 나마저 비관론을 펼 수는 없었다. 때로는 근거가 희박해 핀잔도 받았지만, 근거 없기로 치면 신중론자도 마찬가지란 게 내 소신이다. 솔직히 비판적이고, 냉소적이고, 방관적인 사람이 신중론자인 양 대접받는 걸 보면 열 받는다. 부족하더라도 '된다'는 믿음으로 밀어붙이는 사람, 또한 '된다'며 주변을 독려하는 사람이야말로 설령 속없어 보일지라도 조직에 꼭 필요한 사람이 아닐까.

모든 사람은 자의든 타의든 한 가지 길을 선택하게 마련이다. 나는 무역을, 그리고 월급쟁이를 선택했다. 그 선택을 성공적으로 만들려면 '(가지 않은 길에 대한) 완벽한 포기' 외엔 다른 방법이 없다. 내가 결혼한 지 36년이 됐는데, 주위 사람들은 그 정도면 성공했다고 한다. 어떻게 가능했느냐. 와이프를 선택하면서 '불특정 다수의 여인들'을 포기했기 때문이다. 그걸 바로 '포기의 미학'이라고 하더라.

사실 1975년 중동이 한창 호황이었을 때 나도 독립에 대한 유혹을 많이 받았다. 중동 사람들은 정에 약하기 때문에 내가 독립한 뒤 물건 좀 사달라고 하면 몇천만 달러 수출은 간단했을 거다. 그러나 '중소기업 오너가 돼서 돈을 버느냐'와 '대기업 전문경영인이 되느냐'를 놓고 고민하다 후자를 택했다. 지금까지는 그 선택이 나쁘지 않았다.

(직장생활의 장수 비결을 묻자) 날 비꼬는 건 아니겠고……. (좌중 웃음) 남의 흉내만 잘 내면 직장생활 오래 할 수 있다. 성공한 사람들의 첫 번째 특징은 부지런하다는 점이다. 나 역시 천성은 게으른 편이지만 성공한 사람들을 보고 후천적으로 부지런하려고 노력했다. 요즘엔 밤 11~12시에 자서 새벽 5시 30분쯤 일어난다. 또한 성공한 사람들의 두 번째 특징은 순진할 만큼 진지하다는 점이다. 교활한 사람들은 일정 기간 성공할지 몰라도 반드시 헛발질하게 돼 있다. 성공은 장기 적으로 이뤄지는 법이다.

Q　특히 기억에 남는 시련과 부회장님의 열정 어린 시기에 대해 말씀해주세요.

A　나는 여덟 살 때 아버지를 여의고, 홀어머니 밑에서 자랐다.

어머니는 내가 아버지 없는 자식이라고 손가락질 받을까 봐 늘 걱정하셨고, 그 때문에 어머니만의 교육은 지금 내 생활의 근거가 됐다. 어머니는 평소 '밥 잘 먹는 놈이 효자'라고 말씀하셨는데, 못 배운 어머니가 하는 말씀이려니 하고 흘려들었지만 나이 들어보니 이게 무릎을 칠 만한 만고의 진리가 아니겠는가. 고민이 있든, 입맛이 없든, 건강이 나빠져서든 밥을 먹지 않으면 부모는 당연히 걱정한다.

어린 시절을 돌이켜보자면 전남 법성중학교에 다닐 때의 은사가 특히 기억에 남는다. 그분은 나를 높이 평가해줬다. 선생님은 틈날 때마다 '넌 여기 있을 아이가 아니니 고등학교는 반드시 서울에서 다니라'고 권했다. 선생님이 숙직 근무하실 때는 꼭 나를 불러 영어를 가르쳐주시곤 했다.

살면서 좌절도 많았다. 그 가운데 대학에 떨어졌을 때가 가장 가슴이 아팠다. (박 부회장은 서울대 경영학과에 낙방한 뒤, 후기로 경희대 정치외교학과에 입학했다.) 철없던 그때는 모든 게 끝난 것처럼 느껴졌다. 지나고 보면 아무것도 아닌데 말이다. 그러나 당시에는 정말 충격이었다. 현재의 박찬법이는 한 번의 '낙방' 경험, 경희대에 들어간 것 등이 복합적으로 작용해 여기까지 올 수 있지 않았을까. 청년 시절에 겪는 한두 번의 좌절과 실패는 인생이란 긴 여정을 감안했을 때 대부분 별게 아니다. 어떤 경우에는 약이 되기도 한다.

직장생활의 대부분을 '상사맨'으로서 지구 곳곳을 누비고 다녔다. 지금 생각해봐도 참으로 열정을 다 바쳐 일했던 때다. 계산은 안 해봤는데 아마 직장생활의 40~50퍼센트는 해외에서 보냈을 거다.

(상사 시절의 에피소드를 들려달라는 요청에) 인도의 라지스탄 사막을 찾았던 1980년 즈음의 일이다. 거기 있는 석회석 광구를 조사하기 위해 국내 요업기술자와 함께 갔다. 시발택시 비슷한 차를 타고 갔는데 일을 끝내고 나오니까 금세 어두워졌다. 사막에선 헤드라이트도 무용지물이었다. 한번 길을 잘못 드니 찾을 수 없었다. 아무것도 먹지 못하고 30시간을 헤맸다. 그때의 절박한 심정이란 정말 경험해보지 않으면 모른다. 다행히 낙타를 탄 한 노인을 만나 겨우 사막을 빠져나올 수 있었다. 이것 말고도 에피소드는 많다. 상대방이 술 좋아하면 술로, 춤 좋아하면 같이 춤추고 그랬다.

Q 인간 박찬법에 대해 평가하자면 몇 점을 주실 수 있을까요?

A CEO로서 스스로 평가하기는 뭣하지만 '어떤 CEO로 불리고 싶냐'고 묻는다면 '합리적인 CEO로 불리고 싶다'고 답하겠다. 나를 '문약하다, 카리스마가 부족하다'고 평하는 사람도 있다. 사실은 나도 그걸 의식하고 산다. 하지만 사실 이건 허망한 얘기다. 왜냐면 전문경영인은 흘러가는 존재라는 걸 모든 직원이 알기 때문이다. 전문경영인 믿고 영원토록 따라가겠다고 생각하는 사람이 얼마나 있겠는가. 오너는 저절로 카리스마가 생기지만, 전문경영인은 임직원들에게 죽인다, 살린다 해봤자 흘러가는 사람일 뿐이다. 그래서 전문경영인은 합리적이어야 한다. 합리적으로 판단하고 명령하면 반기를 들 수 없게 마련이다.

개성이 강한 CEO는 장점도 많지만 단점도 있다. 나는 회장님과 임직원을 조율하는 코디네이터 역할을 하는 데 주력하고 있다. 혹시라도 나 때문에 뜻을 못 펴는 일이 벌어진다면 '엄청난 사건'이 아니겠는가.

내 삶에 점수를 준다면 60점 정도다. 낙제를 간신히 면할 수준이다. 부모로서는 80~90점 정도 줘도 될 것 같다. 아이들이 잘했고, 부모로서 버팀목이 돼줬다. 그거면 충분하다. 남편으로선 50점 정도 되려나.

(자식 자랑 좀 해달라는 요청에) 큰놈이 아들이고, 작은놈이 딸인데 둘 다 어렸을 때 미국에서 오래 지내다 보니 영어를 아주 잘한다. 한국에 들어오니까 오히려 문제가 생기더라. 한국어를 잘 못하니까.

상사 시절에 나만 먼저 한국에 귀국하고, 아이들은 1년만 더 있다 왔으면 대학에 특례입학 할 수 있었는데 사실 그런 건 신경 안 썼다. 아비인 나도 서울대 안 나왔는데 뭐. 자기들 실력에 맞는 대학 가면 되겠거니 생각했다. 그런데 몇 년 헤매더니 둘 다 의대를 가더라. 지금은 둘 다 의사가 돼 자기들 몫은 하고 산다.

살면서 자식들에게 이러저러한 것을 강요한 기억이 없다. 나는 직업이나 대학에 대해선 추천도, 강요도 안 했다. 그런 중요한 일은 스스로 책임져야 할 문제니까 말이다. 결혼 역시 알아서 하라고 했다. 다만 연애의 가이드라인은 정해줬다. 아들한테는 '학력, 가문 다 필요 없다. 미국 여자도 좋다. 다만 너그러운지만 꼭 살펴라'고 했고, 딸에겐 '신의 있는 남자면 된다'고 했다. 둘 다 연애 결혼했다. 경제적으로 큰 도움도 주지 않았다. 큰아들이 1998년 1월에 결

혼했는데, 당시 분명히 얘기했다. 출발부터 부모 도움으로 집 사는 건 용인할 수 없다고. 혜화동에 24평짜리 전세를 9천500만 원에 얻어줬다. 그렇게 4년을 살더니 스스로 집을 장만하더라.

(손주들 얘기로 화제가 옮겨가자 얼굴에 미소가 떠나지 않았다.) 손주들을 볼 때마다 '지구상에 이보다 더 아름다운 존재가 있을까' 하는 생각을 하게 된다. 내 자식을 낳을 때도 이렇게 좋지는 않았거든. 왜 그럴까 한참 생각해봤다. 결론은 아이들이 맑은 영혼을 가졌기 때문이 아닐까. 그럼 35년여 전 내 자식을 낳았을 때는 왜 못 느꼈느냐? 그때는 내가 '아름다움을 보는 눈'을 못 갖췄기 때문이다. 소위 심미안을 갖는 데 30년이 넘게 걸린 거다.

박찬법 부회장은 '장수 CEO'로 꼽힌다. 2001년 1월 아시아나항공 대표이사 사장에 취임했으니 벌써 만 6년째다. 오랜 기간 CEO로 일해왔기 때문일까. 그는 임직원들과 마주할 때마다 "이 친구가 CEO감인지 한눈에 알아볼 수 있습니다"라고 했다.

박 부회장은 CEO가 되기 위해선 일단 두 가지 조건을 충족해야 한다고 강조한다. 첫 번째는 '스스로 판단하고 남들도 판단하도록 하는 능력'이다. 문제를 접할 때마다 이 방향이 옳은지, 그른지 또는 유리한지, 불리한지를 판단하지 못하는 CEO는 곤란하다는 것이다. 스스로 판단이 선 뒤엔 임직원과 거래 상대방을 설득해 자신과 같은 방향으로 판단하도록 하는 것도 CEO 몫이란 게 박 부회장의 설명이다.

CEO가 되려면 거래 상대방을 찾아가 '이 물건은 지금 사는 게 당신에게 유리하다'고 판단하게 만들어야 된다는 얘기다. 박 부회장은 이런 판단력을 갖추기 위해선 이치를 따져 물을 줄 아는 논리가 있어야 하며, 논리를 갖추기 위해선 열심히 공부해야 한다고 강조한다.

CEO의 두 번째 덕목은 '스스로 움직이고, 남들도 움직이도록 하는 능력'이다. 옳게 판단하더라도 실천에 옮기지 않으면 그만이기 때문이다. 마치 고3이 되면 모두 공부하겠다고 마음먹지만 대부분 작심삼일로 끝나는 것과 같은 이치다. 그렇다면 자신과 남들을 움직이게 하는 능력은 어디에서 나올까.

박 부회장은 바로 '감동'이라고 설명한다. 온몸 짜릿한 감동이 있어야 머릿속에만 맴돌던 판단이 실천에 옮겨진다는 얘기다.

"논리와 감동을 겸비한 사람은 스스로 판단하며 실천한 뒤 다른 사람도 판단하고 실천하도록 유도합니다. 이런 능력 있는 사람이 CEO감이지요."

CEO
& COMPANY

박찬법 부회장은 '웃는 연습'으로 하루 일과를 시작한다. 대표적인 서비스 업종인 항공사 CEO인 만큼 항상 웃는 낯으로 고객을 대해야 한다는 이유에서다.

박 부회장이 꼽는 첫 고객은 바로 내부 직원. 임직원이 직장에 만족해야만 고객에 대한 서비스도 좋아진다고 생각하기 때문이다. 따라서 박 부회장의 '신나는 일터'에 대한 신념은 남다르다.

그는 노조원을 포함한 모든 직원에게 회사의 경영 현황을 직접 설명하기도 하고, 임직원들이 토론을 통해 개선사항을 자유롭게 건의할 수 있는 장場을 마련해주기도 했다. 또한 여직원들이 많은 항공사의 특성을 감안, 육아 휴직을 확대하는 등 모성보호 정책을 강화해 사내외에서도 '휴머니스트'로 불린다.

아시아나항공 관계자는 "항공사는 일반 기업과 달리 기내서비스, 조종사, 정비, 영업, 공항 서비스 등 다양한 직종의 임직원들이 함께 일한다"며, "박 부회장은 이런 각 부문별 특성을 조화롭게 조율하는 오케스트라의 지휘자 역할을 하고 있다"고 말했다.

박 부회장의 리더십을 바탕으로 금호아시아나항공은 사상 유례없는 고유가 등의 악조건에도 불구하고 '4년 연속 흑자'와 '2년 연속 주주배당'을 이끌어냈다.

장기적 전략 수립의 대가

_구학서 신세계 부회장

구학서 부회장은 1946년 경북 상주에서 태어났다. 서울 경기상고와 연세대 경제학과를 졸업한 뒤 1972년 삼성그룹 공채 13기로 입사, 삼성전자 삼성비서실 재무팀 과장, 동경지점 관리부장, 삼성전자 관리담당 이사 등을 거친 재무형 CEO다. 1996년 신세계로 영입돼 경영지원실장(상무)을 거쳐 1999년부터 신세계 대표이사를 맡아오다 2001년 사장에 올랐다. 그리고 2006년에 대표이사 부회장으로 승진했다.

사원은 사원답게,
과장은 과장답게, 임원은 임원답게,
CEO는 CEO답게만 해준다면
잘못될 회사가 어디 있겠는가!

구학서 부회장은 화려한 말솜씨나 술자리를 휘어잡을 만한 주
량, 하다못해 좌중의 주목을 이끌어낼 유머도 없었다. 본인 스스로 '나는 특징이 없
고, 심심한 사람'이라고 말문을 열었다. 그러나 정말 그렇기만 할까. 술잔을 기울이면
서 한두 마디씩 풀어내는 그의 이야기보따리는 '묵직'했다. 달변 때문이 아니라 말
속에 담긴 인생의 연륜과 성찰이 시종일관 둘러앉은 주반酒伴들의 고개를 끄덕이게
만드는 힘이 있었다. 해가 짧아진 겨울의 초저녁, 서울 중림동 한 고깃집에서 시작한
술자리는 자정이 훌쩍 넘어서야 끝났다. (구 부회장은 소주 한두 잔이 자신의 주량이며
다섯 잔은 치사량이라고 밝혔지만 기자들이 건넨 술잔을 마다않는 술 실력을 보여줬다.)

Q　월급쟁이 성공기에 대해 한 말씀해주시지요.

A　나는 부회장으로 승진한 것에 큰 의미를 두지 않는다. 전에
도 대표이사였고, 지금도 대표이사니까 말이다. '구 사장' 하던 사람
들이 '구 부회장' 하려니 발음만 어려워졌다.

직장생활을 하면서 딱히 CEO가 되어야겠다는 생각을 해본 적이
없다. 그냥 월급쟁이가 되고 싶어서 되었고 이에 만족스러워 열심히
일해왔을 뿐이다. 평사원일 땐 그냥 사원으로, 과장이 돼선 과장으로

서 각각 그 지위에 걸맞은 역할을 나름대로 열심히 하다 보니 여기까지 온 것 같다.

들으면 웃을지 모르지만 젊었을 때 희망도 월급쟁이였다. 아버지께서 사업을 하셨는데, 수입이 불규칙해서 집안이 늘 불안했다. 그래서 은행처럼 안정적으로 일할 수 있는 직장에 들어가야겠다는 생각으로 상업고등학교(1965년 경기상고 졸업)에 들어갔다. 그 뒤 대학 진학까지 했지만 꿈은 바뀌지 않았다. 은행 대신 삼성으로 방향을 바꿨지만, 안정된 직장의 월급쟁이가 되고 싶다는 꿈이 이렇게 CEO로까지 이어졌으니 목표를 초과달성한 셈이다.

(화제가 젊은 세대의 '고시 열풍'으로 옮겨가자 큰 우려를 나타냈다.) 요즘 대학마다 학생들이 고시 준비에 매달려 밤을 지새우고 있다고 들었다. 기업 경시 풍조까지 만연해 요즘은 대기업도 마다하고 9급 공무원이 되려고 한다니 참으로 걱정이다. 그래서 나는 대학에서 강연 기회가 있을 때마다 '돈 많이 벌고 싶지 않느냐. 그렇다면 공직에 갈

생각 말고 기업으로 와라. CEO 월급이 장관보다 훨씬 낫다'고 말해
준다.

경제적인 성공을 원하는 사람이 공직으로 가거나, 여러분처럼 언
론인의 길을 걷는 건 잘못된 것이다. 돈보다는 명예, 국민과 사회에
대한 봉사 등 다른 성취를 달게 여길 자세가 돼 있는 사람만 공직에
도전해야 한다. 그런 각오 없이 기업 이외의 길을 걸은 사람들은 기
업에 들어가서 잘된 친구들 보면 속이 꼬이는 거다. 자기보다 공부
못했던 친구가 돈 많이 받고 성공하니까 말이다. 좀 비약적일지 모르
지만 우리 사회의 반反기업 정서에는 이런 측면도 있지 않을까. 일각
의 지나친 '기업 때리기'를 보면서 '질투는 정의라는 가면을 쓰고 나
타난다'는 말도 생각나고 말이다.

Q 이상적인 직장인과 CEO는 어떤 사람일까요?

A CEO나 상사에게 좋게 보이는 직원이 이상적이 아닐까. 난
개인적으로 줄 서는 친구들이 좋아 보이지 않는다. 잘나가는 자리에
있을 때 찾아와 아부하다 잠깐 회사를 떠나 있을 때는 연락 한 번도
없는 사람, 줄 서기 잘 하는 사람치고 회사에 도움 되는 경우는 없다.
나는 출세 지향적으로 얄팍하게 행동하는 게 눈에 보이는 사람들은
절대 곁에 두지 않는다.

직장상사와의 관계도 스스로 하기 나름이다. 그래서 직원들에게
늘 하는 얘기가 있다. 윗사람들 때문에 스트레스 받을 때는 '누가 더
먼저 나가는지 보자. 이 회사엔 내가 더 오래 있을 사람이다'라는 식

의 오기가 있어야 한다고 당부한다.

나도 직장생활 중에 좌절을 많이 겪었다. 하지만 지나고 나면 대부분 그런 좌절이 전화위복의 계기가 되더라. 삼성에 있을 때 임원 승진 연차가 됐는데 한 해 물먹었다. 당시엔 굉장히 서운했는데 사실을 알아봤더니, 이병철 회장님께서 임원 승진자 명단에 있던 내 이름을 발견하고 "구학서는 너무 어려" 하며 빼버렸다는 거다. 대상자 가운데 나를 가장 잘 봐주셨는데, 승진에 대한 일종의 군기잡기였다고 비서실장이 설명해주더라. 겸손하라는 뜻으로 받아들이는 수밖에……. 결과적으로 입사동기들 가운데 내가 가장 오래된 CEO로 남았다.

유통업계 최장수 CEO라고 하지만 어떻게 하는 것이 잘하는 건지 잘 모르겠다. 다만 지나치게 간섭하기보다는 일하는 분위기를 만들어주려고 노력하는 편이다. 그래서 매장에도 잘 나가지 않는다. 괜히 직원들이 CEO인 나한테 신경 쓰느라 일 못할까 봐 신세계백화점이건 이마트건 매장엔 거의 가지 않는다.

과거 신세계가 삼성그룹 소속일 때 얘기를 하나 꺼내겠다. 사장단 회의에서 다른 계열사에 대해서는 별말 없던 사람들도 유독 신세계 얘기만 나오면 말들이 많더라. 다들 부인에게 듣고 와서 한마디씩 거드는 거다. 유통은 그만큼 사람들의 일상과 가깝기 때문에 '참견'할 거리도 많을 수밖에……. 나도 매장에 나가면 모르는 사이 이것저것 잔소리를 늘어놓을 게 뻔하다. 장수가 전략은 안 짜고 전장을 돌며 개개의 전투 방식에 대해 참견하기 시작하면 병사들이 제대로 싸울 수가 없는 법이다.

A   1982년부터 4년 6개월가량 삼성물산 일본 법인에서 근무했는데, 그때 선대 회장(이병철 회장)께서 일본에 자주 들러 자연스레 모실 기회가 있었다. 그래서 기억나는 에피소드도 몇 가지 있다. 선대 회장은 기분이 좋으면 나한테 용돈을 쥐어주곤 하셨다. 어떨 땐 2만 엔, 한 번은 5만 엔, 이런 식으로 말이다. 기분 좋을 때란 주로 일본인들과 골프 쳐서 돈 땄을 때였다. 한 번은 회장께서 일본의 어느 재벌 총수와 골프를 쳐서 돈을 땄는데, 그분이 지갑을 놓고 나와서 그 자리에서 바로 돈을 못 받은 적이 있었다. 나중에 받아다 드렸는데 그렇게 좋아하실 수가 없었다. 선대 회장은 정말 대단한 승부사였으며, 참 해맑고 순수하다는 느낌을 받았다.

따님들과도 만날 기회가 있었다. 선대 회장은 일본에 연간 네 차례씩 다녀가셨는데, 매번 따님이신 이인희 한솔그룹 고문과 이명희 신세계 회장과 같이 오셨다. 당시 나는 일개 부장이었지만 서울에 있는 웬만한 임원들보다 그분들과 만날 시간이 훨씬 많았다.

이번에 같이 승진한 정용진 부회장과는 잘 지내고 있다. 외부에선 나를 정 부회장의 '사부'로 여기는 눈치인데, 사실은 상호 협력하는 사이다. 정 부회장은 세세한 것까지 나와 상의를 한다.

(신세계 오너의 역할을 묻자) 기업마다 오너 일가 사람들을 기용하는 방식이 다른 것 같다. 범汎 삼성가는 이병철 선대 회장의 영향으로 기업 안에서 오너가 해야 할 역할이 있다고 생각하는 분위기다. 나도 그게 맞다고 본다. 오너 가족들이야말로 기업과 운명을 같이할 사람

들이니까 고도의 결정은 직접 내려야 한다. 그런 역량에 대한 요구로 중압감을 느끼는 것을 지켜보면 안타까운 생각마저 든다.

아직 정 부회장은 경험이 많이 부족해 내가 결정 내리는 걸 보고 배우고, 참고한다고 말한다. 정 부회장은 아이디어가 많다. 특히 식품 부문에 관심이 많아서 매장을 자주 찾고 있으며, 식품 매장과 관련된 혁신적인 제안들도 많이 내놓고 있다.

Q 사랑하는 가족과 앞으로의 계획에 대해 말씀해주신다면요?

A 주위에선 애처가로 통하지만 젊었을 때는 나도 많이 싸웠다. 근데 중년을 넘어섰을 때부터는 싸워본 기억이 없다. 사람마다 다르겠지만 기본적으로 행복하려고 결혼한다. 행복에 대한 생각을 조금만 바꾸면 부부간에 싸울 일이 없다. 벤저민 프랭클린은 '다른 이가 나로 인해서 행복해하는 것을 보는 것, 그것이 나의 행복'이라고 말했다. 내가 행복하려면 배우자를 행복하게 해주면 된다는 얘기다. 그러면 어느 한쪽이 일부러 싸우려 해도 싸움이 되지 않는다.

(기자들이 '공처가'라고 지적하자, 웃음을 띠며) 요즘 젊은 사람들에게 애

처가가 못 되면 공처가라도 되라고 충고하고 싶다. 꼭 아내를 위한 게 아니다. 가정에 평화가 있어야 밖에 나와서도 성공할 수 있으니 결국 자신을 위한 셈이 아닌가.

(건강 비결을 묻는 질문에) 내 키가 170센티미터인데 몸무게가 69킬로그램이 넘지 않도록 먹는 것을 조절하고 있다. 아침마다 뒷산에 오르고, 틈틈이 헬스클럽에서 유산소 운동도 한다.

(은퇴 계획은) 벌써 그만뒀어야 하는데…… 이번 임기까지 마치면 대표이사만 3년씩 세 차례나 하는 셈이다. 위에서 이렇게 오래 버티고 앉아 있으면 인사 적체가 생긴다. 후배들에게 길을 열어주지 못해 항상 미안한 생각을 품고 있다. 은퇴하면 아내와 여행 다니고, 글 쓰며 나를 되돌아보고 정리해나가는 시간을 갖고 싶다.

"CEO가 직접 일선 실무를 챙기다 보면 직원들이 신경 쓰여서 일을 제대로 할 수 없습니다. CEO는 장기적인 전략 수립과 같은 큰 그림을 그리고, 부분적인 전술은 각 부문 책임자들에게 맡기는 게 좋습니다."

그가 이런 생각을 굳히게 된 것은 군에서 장교로 근무하면서부터다. 학군단 8기이며 육군 소위로 임관한 구 부회장.

"평소 숫기가 없고 조용한 성격인데 소대장을 맡고 보니 어떻게 부하들을 통솔해야 할지 막막했지요. 그래서 소대에서 꼭 지켜야 할 큰 원칙만 정해놓고 경험 많은 선임하사에게 자율권을 주고 세세한 사병 관리를 맡겼습니다. 다른 소대장들처럼 병사들의 '조인트'를 까거나, 기합을 준 기억이 별로 없습니다. 대신 훈련을 마치고 전 부대원에게 통닭을 사준다든지, 인생 고민을 들어준다든지 하는 식으로 개개의 병사들을 다독이는 역할을 주로 맡았지요. 기강을 잡는 일은 병 출신인 선임하사가 훨씬 효과적으로 잘할 수 있다고 생각했습니다."

구 부회장은 비교적 늦깎이로 신세계에 합류해 유통에 대한 지식과 경험이 부족한 상황에서도 성공적으로 회사를 이끌 수 있었다. 이유는 부문별 대표에게 권한을 주고 책임을 지우는 '선임하사 경영론'이 먹혔기 때문이라는 게 그의 진단이다.

구 부회장에겐 지금도 '선임하사' 두 명이 있다. 신세계백화점 영업전략실과 점장, 영업본부장을 거치며 잔뼈가 굵은 석강 백화점 부문 대표, 그리고 이마트에서 역시 점장, 지원본부장 등을 두루 역임한 이경상 이마트 부문 대표가 그들이다. 두 대표는 요즘도 수시로 각각 책임지고 있는 백화점과 대형 마트 매장을 매일 둘러볼 정도로 철저한 현장경영을 중시한다.

박주성 신세계 홍보담당 상무는 "구 부회장님은 임직원들에게 호통을 치거나 잘못했다고 무안을 주는 일이 거의 없습니다. 차분하고 조용하게 논리적으로 아랫사람을 설득하는 스타일이죠"라고 전했다.

구학서 부회장은 1999년 신세계의 사령탑에 오르면서 신세계가 세계적인 유통기업으로 비상할 수 있는 토대를 만든 주역이다. 그는 취임과 동시에 당시 비효율적으로 운영되던 종금사 등 비유통기업들을 정리하고, 카드사업부를 한미은행에 매각했다. 아울러 그래픽, 디스플레이 관련 부서를 종업원 회사 형태로 분사시키며 유통기업으로서 신세계의 핵심 경쟁력을 강화했다. 유통부문에서도 백화점의 PB(자체 브랜드) 사업은 청산하고 이마트 PB에 집중한 것도 같은 맥락이다. 또한 프라이스 클럽을 과감하게 매각, 이를 토대로 이마트 부지를 선점해 오늘날 이마트의 1위 유지에 밑거름을 다졌다.

특히 구 부회장은 IMF 사태가 기업의 비윤리적인 운영에서 기인했다고 판단, 기업의 생존을 위한 수단으로 '윤리경영'이라는 새로운 패러다임을 도입해 주목을 받았다. 1999년 12월, 국내 기업으로서는 최초로 윤리경영 전담 부서인 기업윤리실천사무국을 설립하고 윤리규범을 제정, 기업의 투명성 강화에 힘쓰고 있다.

2003년에는 유통업계 최초로 외국인 사외이사를 선임하는 등 글로벌 스탠더드에 맞는 투명경영의 의지를 더욱 공고히 했다. 신세계의 윤리, 상생경영의 노력은 정부는 물론 국내 유수의 기관에게서 좋은 평가를 받았다.

지난 2003년 납세자의 날에 유통업체로서는 최초로 금탑산업훈장을 수상하고 기업윤리경영 최우수 회사(반부패국민연대), 사회봉사활동 우수사례 발표 기업(전경련)으로 선정되기도 했다. 2006년에는 대 · 중소기업 상생경영 모범 기업으로 선정되어 '제3회 대 · 중소기업협력대상' 단체부문 대통령 표창을 수상하고, 2007년에는 유통업계 최초로 투명경영대상(경총/대한상의)을 수상했다.

백만 불짜리
열정의 소유자

이채욱

GE헬스케어 아시아 · 성장시장 총괄 사장

이채욱 회장은 1946년 경북 상주에서 태어나 상주고등학교와 영남대 법학과를 졸업한 뒤 1972년 삼성물산에 입사했다. 인사부서에서의 근무를 시작으로 수출 분야로 옮겨 두바이 지사장과 해외사업본부장 등을 지냈다. 1989년에는 삼성GE의료기기 대표이사를 맡아 2년 반 만에 자본 잠식 상태에 있던 회사의 재무구조를 정상화시켰다. 1996년 GE의 메디컬사업부문 동남아 · 태평양지역 사장으로 발탁됐으며, 이후 GE 초음파사업부 아시아지역 사장과 GE코리아 사장과 회장을 거쳐 2008년 1월부터 GE헬스케어 아시아 · 성장시장 총괄 사장을 맡고 있다. 본 내용은 2006년 12월, 그가 GE코리아 회장으로 있었던 당시의 인터뷰 기사를 정리한 것이다.

외국계 기업에는 장점만 있으리라고 기대하면 안 된다.
거꾸로 외국에서 잠깐 공부하고 왔다고 해서
한국 기업들에 이상한 선입견을 가져서도 안 된다.
외국계 기업에 입사하려면
문화와 풍토만이 다를 뿐이라는 사실을 기억해야 한다!

이채욱 회장은 2006년 12월 중순 9시 20분쯤 서울 중림동 한 선술집에 불그스레한 얼굴로 나타났다. 임직원들과의 송년회에서 한잔 걸치고 오는 길이라고 했다. 이 회장은 앞서 'CEO들의 세상 사는 이야기'를 통해 연재했던 이기태 삼성전자 부회장, 박찬법 금호아시아나그룹 항공부문 부회장, 구학서 신세계 부회장의 이야기를 꼼꼼히 읽어봤다며 "한경에서 참 좋은 기획을 했는데 저 같은 사람이 나가서 되겠습니까"라고 겸양을 나타냈다. 마음씨 좋은 이웃집 아저씨처럼 푸근한 인상이었다. 하지만 오랜 세월 절제와 노력으로 자신을 연마한 사람들에게서 찾아볼 수 있는 맑은 눈빛과 이마는 그가 왜 세계 초일류 기업의 최고경영자 자리를 지키고 있는지를 짐작하게 했다. 이 회장과의 인터뷰는 조그만 생맥주 집을 통째로 빌려 밤 1시 30분까지 4시간 동안 이어졌다.

Q   어릴 적의 삶과 꿈에 대해 말씀해주시지요.

A   어릴 적에 나는 면사무소 서기가 되고 싶었다. 당시 시골에서는 면사무소 서기가 최고였다. 어렸을 때는 식구들 배 곯리지 않은 것만큼 좋아보였던 게 없었다. 우리 세대는 모두 어렵게 살았다. '젊었을 적 고생은 사서도 한다'는 말이 있다. 나는 굳이 사서 할 필요가 없었다. (모두 웃음) 상주고등학교에 처음엔 장학생으로 입학했는데 1학년 마치고 성적이 모자라서 장학생 자격을 잃은 게 아직도 기억에 남는다. 그래서 이듬해 6월까지 학교 등록을 못했다. 그런데 중학교 때 교장선생님의 추천으로 용케 마을에 있던 적십자병원 원장 댁에 가정교사 자리를 꿰찰 수 있었다. 그때 다른 사람들은 나보고 어린애가 남의 집에 들어가서 눈칫밥 먹으며 고생한다고 그랬는데, 사실 나는 굉장히 좋았다. 부잣집에서 쌀밥에 고기 먹고 내 방도 있고 항상 신바람이 났지. 내가 처해 있는 환경이 나쁘다고 생각하면 한이 없는 법이다.

영남대학교에서 4년 장학생을 모집한다는데 주위에서 시험을 한번 보라고 해서 법학과에 입학했다. 대학에 다닐 때도 가정교사로 생활비를 충당했다. 대학에 들어가서는 내가 골라서 할 정도로 가정교사를 쉽게 구할 수 있었다. 고등학교 때부터 입주 가정교사 경력이 있어 따로 검증할 필요가 없었기 때문이다.

대학 3학년 때 군대를 지원했다. 어차피 갈 군대라면 끌려가는 것보다 자원해서 가는 게 낫다고 생각했다. 법학과 다니다 왔다고 헌병으로 차출되었다. 그러다 나중에 베트남 파병을 지원했다. 군대에서 돈 좀 벌어 나가자는 심산이었다. 그때가 1968년이었는데 베트남에 가면 병장 월급이 한 달에 54달러였다. 13개월간 있었으니까 꽤 많이 벌었다. 1972년 삼성에 처음 입사했을 때 수습사원 월급이 2만5천 원이었다. 당시 환율로 따져서 54달러면 2만 원 정도로 삼성 월급보다는 못했지만 꽤 큰 액수였다. 고등학교 때부터 시작해서 대학 다닐 때까지 늘 가정교사를 했는데 군에서 제대하고 나서도 가정교사를 할 생각을 하니 좀 피곤하다는 생각이 들었기 때문이다. 그래서 베트남으로 간 것이다.

Q　성공 비결은 백만 불짜리 열정에 있는 건가요?

A　자신의 일이 크든 작든 신바람 나게 일할 수 있도록 하는 것이 열정이다. 힘들고 싫더라도 자신이 해야 할 일이라고 긍정적으로 생각하면서 매달려보는 것, 그렇게 해서 성과를 내면 또 그 힘으로 더 어려운 일에 도전해보려는 마음가짐, 그것이 열정이다. (그는 쥐어짜듯이 '열정'에 대한 정의를 내렸다.)

이채욱의 삶을 돌이켜보면 성실한 유형이었던 것 같다. 또한 그런 태도를 배우려 했다. 내가 남보다 머리가 좋은 것은 아니었기 때문에 열정에 덧붙여 겸손을 늘 강조한다. 겸손이라는 것은 늘 남에게 배우려고 하는 자세다. 직장에 다니면서도 여러 대학원을 다녔다. 평생 동안 길러야 되는 게 경쟁력 아니겠는가.

서울에 와서 취직을 한 후에도 주위 사람들을 보면서 '지금 내 위치가 어디 있는가' 하고 끊임없이 되물었다. 지방 출신이라 좋은 점은 다른 사람들이 나 같은 촌놈을 경쟁상대로 생각하지 않는다는 데 있었다. 지방 출신에 유명 대학 출신도 아니니까……. 그래서 주위에 훌륭한 사람들을 보면 물어보고 배우고 그랬다.

(인간관계를 묻는 질문에) 처음 사람을 만났을 때 그 사람을 기억하기 위해 노력한다. 그 사람의 특징을 찾아내고, 외국인의 경우에는 이름에서 연상되는 것을 기억한다. 한 번 만났던 사람을 다시 만났는데 기억을 못하는 경우도 있지만 그럴 때는 되묻는다. 대단히 죄송하지만 어디서 뵈었는지 기억을 잘 못하겠다고. 솔직한 것이 가장 좋다. 일반적으로 인간관계를 맺을 때도 마찬가지다. 서로 솔직하게 말하고 이해하면 되는 것 아닌가.

(후학들에게 조언 한마디 해달라는 요청에) 당장의 편안함보다는 비전을 추구하라는 말을 많이 해준다. 최근 우리 사회도 보면 대학생들이 공기업, 공무원을 선호하는 경향이 많다. 그러나 자신의 열정을 불태우고 싶어서 공기업을 택하는 것은 아닌 것 같아 안타깝다.

나도 삼성물산에 입사할 당시 동명목재라고 하는 회사와 저울질을 하다 결국 삼성물산에 들어갔는데, 아마 월급으로 치면 동명목재가 1.5배는 많았다. 그런데 좀더 큰일을 하고 싶었고 여러 가지 가능성 측면에서 삼성물산이 낫다고 생각해 동명목재를 포기했다. 지금 당장 비교할 게 아니라 좀더 멀리 보고 비전이 있느냐를 중시했던 거다. 요즘에는 편한 직장을 찾는 젊은이들이 많다. 물론 그런 직장에서 편하게 살 수는 있다. 그런데 긴 인생을 생각한다면 그게 다는 아니다.

Q   삼성맨에서 GE로 자리를 옮긴 이유가 있습니까?

A   1989년, 삼성물산 해외사업본부장을 하고 있던 때다. 송년회를 마치고 술에 잔뜩 취해서 들어왔는데 당시 이필곤 삼성물산 사장님이 보자고 하더니, 내가 삼성GE의료기기로 옮겨야 한다고 하더라. 나는 당시에 해외사업본부장으로 정말 일을 잘하고 있다고 내심 생각하고 있었는데, 갑자기 그러니까 가슴이 답답하고 머리가 복잡해졌다. 솔직히 내키지 않았고 섭섭한 마음도 들었다. 하지만 어차피 내가 맡았는데 싫다고 생각하면서 일해봐야 남는 게 뭐가 있겠는가. 그 회사는 1984년에 설립돼 4년 동안 해마다 적자를 냈다. 문제가 많았다.

출근 첫날에 이사회를 열었는데 오전 8시부터 오후 6시까지 삼성 측 사람들과 GE 측 사람들이 서로 '네 탓'이라며 싸움만 하고 있더라. 공장 가동률은 27퍼센트밖에 안 되고……. 백지 한 장을 꺼내놓고 쓰기 시작했다. 내가 이 회사 사장을 맡아서 좋은 점이 뭘까. 며칠 동안 낙서하듯이 적다 보니까 좋은 점이 자꾸 떠올랐다. 회사 사정이 더 이상 나빠질 수도 없을 것 같기도 했다. 게다가 당시 시세로도 수십억 원씩 하던 최첨단 의료기기 사업을 내가 언제 해보겠는가. 그렇게 해서 생각을 긍정적으로 바꿨다.

(긍정적인 사고는 타고난 것 같다는 지적에) 내가 만난 경영인들은 대부분 낙천적이고 긍정적인 성격을 가졌다. 나는 그것을 '행운아 마인드'라고 하는데 행운아 마인드를 가지면 진짜 행운이 따라오는 것 같다. 그러면 다시 의욕도 생기고…… 그게 바로 긍정의 힘이다.

('얼마짜리 CEO라고 생각하느냐'란 돌발 질문에) 내가 만약 나를 채용한다면 지금 받는 것만큼의 연봉은 안 줄 것 같다. CEO는 스스로를 관리하는 잣대가 있어야 하는데 난 다른 데 가서도 그런 식으로 얘기한다. '당신은 당신을 채용하겠습니까? 채용한다면 연봉은 얼마를 주겠습니까?' 늘 질문을 해본다.

(연봉이 얼마냐는 거듭되는 질문을 받고) 허허 참, 어쨌든 숫자를 말하기는 곤란하다. 만약 그런 질문을 스스로 해보면 노사문화도 좀 달라질 수 있지 않을까. 그리고 자꾸 돈으로 얘기하지 말아달라. 우리가 '페이pay'라고 하는 것은 지갑에 대한 것이 있고, 가슴에 대한 것, 머리에 대한 것이 있다. 내가 하는 일이, 내가 몸담고 있는 조직에 비전이 있느냐, 내가 이 일에 열정을 쏟을 수 있느냐 등 이런 데서 얻는 만족이 사실 엄청난 것이다. 지갑, 가슴, 머리가 모두 만족할 수 있는 진짜 연봉을 어떻게 밝힐 수 있겠는가.

Q 가족에 대한 이야기를 해주신다면요.

A 아버지는 쉰여섯 젊은 나이에 세상을 뜨셨다. 7남매 모두가

힘들게 살았지만, 나는 장남이라는 책임감으로 고단한 청춘을 보냈다. 부친 임종을 지킬 때가 아직도 눈에 선하다. 내가 회사에서 과장이 되기도 전인데, 돌아가시기 일주일 전에 뵈었을 때 손가락 하나는 쉽게 젖혀지지만 손가락을 모으고 있으면 잘 젖혀지지 않는다면서 형제간의 우애를 강조하셨다. 상을 치르고 아래 동생을 불러 얘기했다. '내가 너의 학비를 대줄 테니 나중에 취직하고 나면 셋째 학비를 나하고 같이 대자. 그리고 셋째가 돈을 벌면 넷째 학비를 나머지 세 사람이 대주자…….' 다 그대로 됐다. 그렇게 릴레이식으로 하니 나만 일방적인 부담을 지지 않아도 됐다. 형제들 모두가 참 고맙다.

나는 딸 셋을 두고 있는데, 큰딸은 시집갔고 둘째딸도 2006년 3월에 결혼했다. 외국계 기업의 CEO를 하다 보니 남편 가장 노릇을 톡톡히 할 기회가 가끔 있다. 연간 목표를 세워놓고 달성하면 하와이 등의 휴양지에서 가족 동반 모임을 보내준다. 이런 면에서는 외국계 기업이 참 좋은 것 같다.

"실패해도 절대 도망가지 말라."

35년째 직장생활을 하고 있는 이채욱 회장은 과거 삼성물산 수입과장으로서 고선박 해체사업 담당으로 있을 때가 인생의 최대 위기였다고 회고했다.

1980년 초, 이 회장은 미국 출장길에 낡은 선박을 해체해 고철을 떼어 철강회사에 판매하는 고선박 해체사업을 보고 이를 한국에서 시작해보기로 했다. 미국에 비해 인건비가 저렴한 한국에서 이 사업을 하면 경쟁력이 있겠다고 판단한 것이다. 그러나 일은 뜻대로 풀리지 않았다. 해일이 닥쳐와 부산 감천만에 정박시켰던 배들이 모두 바다 밑으로 가라앉아버린 것이다. 당장 수십억 원의 손실이 발생하게 됐다. 사표를 낼까 고민하던 이 회장은 일단 함께 일하던 동료들과 사태를 수습하는 일까지는 마무리하기로 하고 곧장 부산으로 내려갔다. 그때부터 수천 톤에 이르는 배를 수중에서 50톤 단위로 절단해 크레인으로 끌어올리는 작업을 시작했다. 그 유명한 삼청교육대원들까지 동원한 이 작업은 이듬해 9월까지 1년 반 동안이나 계속됐다.

지금도 '감천고해甘川苦海'라는 글을 써서 벽에 걸어놓았을 정도로 이때의 경험은 이 회장에게 큰 교훈을 주었다.

"성공을 통해 배우는 것보다 실패를 통해 배우는 것이 100배, 1000배는 큽니다. 이를 통해 실패해도 절대 도망가지는 말자는 생각을 가졌습니다."

모든 인양 작업을 마무리한 1981년 9월, 이 회장은 날짜만 적지 않은 채 미리 준비해두었던 사표를 회사에 냈다. 그러나 회사는 자신의 일에 끝까지 책임을 진 공로를 높이 샀고 이 회장을 두바이 지사장으로 발령했다.

CEO
& COMPANY

이채욱 GE헬스케어 아시아·성장시장 총괄 사장(전 GE코리아 회장)은 기업을 발전시키는 것이 아닌, 기업 정리의 임무를 받고 최고경영자로서의 경력을 시작했다. 삼성물산 해외사업본부장이었던 그는 1989년, 삼성과 GE의 합작사였던 삼성GE의료기기 사장이라는 뜻하지 않은 인사발령을 받는다. 당시 삼성GE의료기기는 공장 가동률이 30퍼센트도 안 됐던 부실기업이었다.

이 사장은 일단 회사 상황을 살펴보고 전망이 불투명하면 사업을 정리하고 돌아오라는 지시를 받고 부임했다. 그러나 그가 경영을 맡은 지 불과 2년여 만에 회사는 흑자로 돌아서 연간 40퍼센트가 넘는 성장률을 기록하는 '알짜 기업'으로 변모했다. 그렇게 해서 그는 한때 '기업 회생 전문가'로 통하기도 했다.

2002년 5월부터 5년간 GE코리아의 CEO를 맡으면서도 그는 회사 규모를 35퍼센트나 키우고 GE의 한국 투자금액을 2조 원가량 늘리는 성과를 올렸다. 특히 발전설비, 의료기기, 플라스틱 등 전통적인 산업 위주였던 GE코리아의 사업 영역을 금융부문으로까지 확대했다는 평가를 받고 있다.

직원들에게 사회봉사 활동을 장려하고 'GE 장학생 제도'를 확대하는 등 사회공헌 활동과 차세대 인재 육성에도 심혈을 기울였다. 또한 각 기업과 대학 등에서 '글로벌 인재의 요건'과 '디고적 기업의 경영' 등을 주제로 활발한 강연 활동을 펼치고 있는 그는 명강사이기도 하다.

역발상의 도전자

_윤홍근 제너시스 BBQ 회장

윤홍근 회장은 1955년 파평 윤씨 100여 가구가 모여 살던 전남 순천시 풍덕동의 집성촌에서 태어났다. 1년에 기제사忌祭祀만 열댓 번 지내는 마을 일가의 종갓집 장손으로, 어릴 적부터 씀씀이가 큰 종손 기질을 키웠다고. 1981년 조선대(무역학과)를 수석으로 졸업한 뒤 육군 학사장교 1기에 지원, 육사, ROTC, 3군사관학교 출신들과 선의의 경쟁을 하는 가운데 동료 학사장교들로부터 동기회장으로 뽑히는 등 일찍부터 리더십을 인정받았다. 1984년 가을에 전역한 뒤 미원(현 대상)그룹 공채로 입사, 해외곡물수입부, 기획부, 총무부, 영업부 등을 거치며 '야전'과 '기획' 경험을 두루 쌓은 뒤 1995년 제너시스를 창립했다.

한국의 가맹점들은 유리하면 계약서를 꺼내들다가도,
불리하면 정에 호소하며 본사에 기댄다.
이렇게 정에 호소하는 논리를 바로 잡아주고,
평범한 사업가를 성공하는 사업가로 만들어주는 노하우가
BBQ에는 축적돼 있다!

윤홍근 회장과의 대화는 막힘이 없어 좋다. 무슨 주제든 거침 없이 말한다. 윤 회장을 아는 사람들이 그를 평가하는 공통분모는 '화통함' 또는 '남자다움'이다. 이런 카리스마로 1995년 창업한 지 10여 년 만에 외식 프랜차이즈 최대 업체를 일궈냈다. 2003년 중국에 진출, 토종 프랜차이즈로는 최초로 해외시장에 뛰어들었고, 유럽·미국·일본 등 선진국 시장에도 줄줄이 BBQ의 깃발을 꽂고 있는 그의 '도전' 여정은 현재진행형이다. 월급쟁이에서 오너로 변신해 회사를 키워온 그의 눈물겨운 뒷얘기들은 샐러리맨들에게 '인생 이모작'의 꿈을 심어주기에 충분했다. 기자들이 BBQ, 닭익는마을, 찹스, 오션스타 등 8개 브랜드와 국내외 3천200여 개의 가맹점을 일궈낸 그의 얘기를 서울 중림동의 어느 식당에서 들어봤다.

Q 어릴 적 꿈은 무엇이었나요?

A 초장부터 이렇게 말하면 밋밋할지 모르겠는데, 나는 어릴 적부터 기업인이 되는 게 꿈이었다. 많은 사람들을 잘 먹고 잘 살게 해주고 싶었다. 하지만 처음부터 '내 회사'를 욕심냈던 것은 아니었다.

(어릴 적 꿈치곤 너무 현실적이지 않냐는 질문에) 난 전기도 들어오지 않는 전남 순천의 오지마을인 풍덕동에서 나고 자랐다. 어릴 적부터 학

교까지 왕복 몇십 리를 걸어서 다녔다. 책과 공책, 연필 등을 보자기로 싸 허리에 동여매고, 고무신을 신고 통학했다. 그러던 어느 날, 순천 시내에서 공무원 생활을 하시던 아버지께서 '선물이다' 하시며 책가방과 운동화를 건네주셨다. 그때의 환희는 아직도 잊혀지지 않는다. 선물에 감동해 이런 걸 누가 만드는지 아버지께 여쭈었더니 '기업에서 만드는 거란다'고 하시더라. 그래서 곧바로 결심했다. 나도 크면 사람들에게 편리한 물건을 만들어 공급하는 기업에 들어가, 가능하면 가장 높은 자리에 올라가 좋은 제품을 개발하는 사람이 되겠다고 말이다.

1984년 학사장교를 마치고 대기업에 지원했는데 몇 군데에 합격했다. 하지만 당시 천하의 삼성(제일제당)과 '조미료 전쟁'을 벌여 한 번도 1등을 내주지 않은 미원(현 대상그룹)에 마음이 끌렸다. 내 고향인 호남에 연고를 둔 기업이라는 점도 어느 정도는 작용하기도 했다.

Q　넘쳐나는 '이태백(태반이 백수 신세인 20대)'들에게 취업에 대한 조언을 해주시지요.

A　두드리면 열리는 법이라고 얘기해주고 싶다. 당시 학사장교 1기였던 나는 1984년 9월 제대를 앞두고 취직을 준비했는데, 취업 시즌이 아니어서 공채시험을 보는 회사가 한 군데도 없었다. 동기회장을 맡고 있던 내가 '총대'를 메기로 결심하고 동기생들 가운데 취업 희망자를 끌어모았다. 모두 430명에 이르더라. 그들의 이력서를 하나의 자료로 만들어 현대, 삼성 등 주요 그룹의 인사담당자에게 돌

리고 특별전형을 해달라고 요구했다. 우리가 1기생이라 당시 기업에서는 학사장교에 대한 인식이 별로 없었는데, 발품과 손품을 판 덕분에 길을 뚫어낸 셈이다. 지금 생각하면 기적 같은 일이지만 지원자 전원이 다들 합격했다.

(지방대 출신의 설움이 없었느냐는 질문에) 난 조선대 무역학과 출신이다. 직·간접적인 차별과 서러움을 당했다. 가정 형편이 어려워 조선대학교에 특별장학생으로 지원해 합격했고, 전체 수석으로 졸업한데다 군복무를 장교로 지냈다. 그러나 사회에 나와보니 서울의 명문대 꼴찌보다 못한 대접을 받은 적이 한두 번이 아니었다. 그때마다 이를 악물었다. 신입사원 시절부터 '내가 이 회사의 사장'이라는 생각으로 남들보다 다섯 배는 더 일을 했다.

Q   사업을 시작하게 된 동기는 무엇이었나요?

A   미원의 닭고기 가공 자회사인 마니커의 영업부장으로 발령을 받은 게 직접적인 계기가 됐다. 일을 하다 보니 치킨 프랜차이즈 사업의 가능성에 눈을 뜨게 되더라. 그래서 회사에 건의했는데, 사업성이 충분하지 않다고 거절당했다. 대기업이 영세 자영업자들의 터전이던 소형 치킨점 사업에 뛰어드는 것도 이미지에 좋지 않았고, 당시 치킨 프랜차이즈만 전국적으로 200개가 넘는 전형적인 '레드 오션' 분야라는 것 등이 거절당한 이유였다. 하지만 내 생각은 달랐다. 남들은 레드 오션이라고 봤을지 모르지만, 내겐 요즘 유행하는 '블루 오션'으로 눈에 확 들어왔다.

당시 치킨집들 대부분은 술을 팔면서 안주로 치킨을 파는 호프집이었다. 난 이러한 일반 치킨집의 콘셉트를 뒤집었다. 닭고기를 가장 많이 먹는 계층이 누구인가. 주부와 어린이들이다. 이들을 공략하려면 깨끗하고 위생적인 환경으로 차별화해 새로운 시장을 창출해야 한다고 생각했다.

사업 콘셉트는 짰지만 수중에 돈이 없는 것이 가장 큰 문제였다. 자본금 5억 원을 조달해야 했는데 그 중 내 돈은 2천만 원뿐이었다. 전셋집을 월세로 바꿔 5천만 원을 더 만들었고, 나머지 4억3천만 원은 주위에서 십시일반으로 모았다. 다행히 친구나 선·후배들이 한 사람당 1천만~3천만 원 정도씩 잃는 셈치고 투자해줬다. 윤홍근이가 뭐 좀 해본다니까 떼여도 좋다는 심정으로 건네준 것이었다.

Q　사업의 성공 비결을 꼽는다면 무엇일까요?

A　원칙을 지키면 결국 성공하게 돼 있다. 치킨업계 최초로 조리용 기름보다 여섯 배 이상 원가가 비싼 최고급 올리브유를 썼을 당시 회사 내부에서조차 과도한 원가 부담을 안긴다며 반대가 적지 않았다. 하지만 요즘 전 세계 외식업체들이 건강을 해치는 트랜스지방을 조리용 기름으로 사용해 홍역을 치르고 있지 않나. 당장의 이익보다는 소비자 편에 서서 긴 안목의 원칙을 지킨 게 결국은 기업도 살리고, 가맹점도 살리고, 소비자도 안전하게 해준 것이다.

(위기는 없었냐는 질문에) 창업 3년도 안 돼 외환위기를 맞았다. 또 내 사업을 꾸리면서 부닥친 위기는 말로 다 할 수 없다. 그러나 위기는

'위험'과 '기회'의 줄임말에 불과하다. 위기 국면에서 상황을 정면으로 보면 빨려 들어갈 수 있지만, 그 뒷모습에는 언제나 기회의 얼굴이 숨어 있다고 믿는다. 난 역발상으로 그 위기를 오히려 활용했다. 외환위기가 닥치자 가계가 대부분 허리띠를 졸라매는 분위기였지만 난 다르게 생각했다.

'어차피 외식하던 습관은 한번 들이면 못 끊는다. 그렇다면 외식 금액을 낮출 것이다. 쇠고기 등심을 배부르게 먹던 집이 돼지고기 삼겹살로, 그래도 어려우면 4인 가족이 1만 원이면 해결되는 치킨으로 옮겨올 것'이라고 말이다. 이런 예측 아래 역발상으로 남들이 줄이기에 바빴던 언론 광고를 대대적으로 늘렸고, 덕분에 BBQ는 가장 빠른 성장을 할 수 있었다.

Q 사표師表로 삼는 기업인은 누구입니까?

A 정주영, 이병철, 이건희, 이 세 분을 존경한다. 기업가로서

기업을 키우는 것 이외에는 아무것도 생각하지 않은 분들이었기 때문이다. 잠시 정주영 회장이 정치에 눈을 돌리긴 했지만 그 역시 기업인으로서 국가 현실에 대한 답답함 때문에 작용한 결과라고 본다. 이병철 회장은 아주 오래전부터 일류경영, 계획경영, 인재경영 등을 실천한 분이다. 이건희 회장은 선대 회장께서 작심하고 '만들어낸 천재'라고 생각한다. 요즘 재벌의 경영권 대물림에 대해 이런저런 비판이 있지만,

이 회장은 '준비된 오너 경영인'의 전형을 전 세계적으로 보여주고 있지 않은가. 난 이런 분들이 창업하고 키운 삼성을 뛰어넘을 때까지 삼성을 배울 생각이다.

(앞으로의 계획에 대해 묻자) 아직까지 경영을 놔본다는 생각을 한 적이 없다. 우리 회사 직원들에게도 정년을 규정하지 않고 있다. 본인이 할 수 있을 때까지 일하는 곳이 우리 회사다.

'세계 최고 프랜차이즈 제국' 건설의 꿈을 실현하기 위해선 아직할 일이 많다. 2020년까지 전 세계 5만 개 사업장을 일으켜 맥도날드를 따라잡고, 이들 점포 모두가 성공하는 게 내 궁극적인 목표다.

A　일과 회사에만 빠져 살아왔으니 가족들에게 미안한 마음뿐이다. 그런데도 아내는 단 한 번도 불편한 내색 없이 잘 살아줬다. 미원 근무 시절, 아내는 회사 앞에서 아이들을 차에 태워 같이 놀면서 기다리다가 새벽 1시에 함께 귀가했던 적도 있었다. 아내는 창업을 결심했을 때 내게 많은 용기를 줬다. 독립해서 내 사업을 하겠다고 하자 아내는 "당신 뜻대로 하세요. 그 대신 새벽기도 2개월만 같이 가주세요"라고 하더라. 덕분에 꼬박 두 달 동안 새벽기도를 했는데, 부부 금실이 덤으로 주어졌다. 아내 자랑하는 꼴이 됐나.

(건강관리는 어떻게 하냐는 질문에) 힘들고 고통스러울 때 스트레스 풀려고 마시는 술이 가장 해롭다고 생각한다. 그래서 스트레스가 쌓이면 무조건 집으로 가 이불 펴고 잔다. 곁에서 보기에 혼수상태에 빠진 것 아닌가 생각할 정도로 48시간을 꼬박 잔 적도 있다. 깨고 나선 스트레스 받았던 일을 깨끗이 털어버린다.

골프 좌우명도 '다타호신多打好身 소타호심少打好心'이다. 잘 맞으면 잘 맞는 대로, 못 맞으면 못 맞는 대로 상황을 즐기려고 한다. 그러다 보니 필드 나가는 게 부담이 없고 연습장에서 100번 연습하는 것보다 실력이 빨리 늘더라. 요즘 스코어는 진폭이 좀 있는 편이지만, 그런대로 80타는 유지하는 편이다.

"90점짜리 인재가 대기업에 가면 100점짜리 인재들 틈바구니에서 고생만 하다 40대에 퇴직할 가능성이 높습니다. 차라리 70점, 80점 맞은 사람들이 모여 있는 중소기업에 가서 앞장서 자신의 뜻을 펴는 것이 낫지 않겠습니까?"

윤홍근 회장은 젊은이들이 무조건 대기업만 선호하는 현상에 대해 윤홍근식 '90점 인재론'을 폈다. 이미 자리가 잡힌 대기업의 일자리 가운데 하나에 겨우겨우 비집고 들어가 안주하며 사느니, 아직은 작지만 장차 큰 회사로 키워보겠다는 비전으로 중소기업에 도전하는 젊은이들이 많아져야 한다는 것이다. 그래서 윤 회장은 대기업에 들어갈 기회가 많은 100점짜리 인재보다 자신은 90점짜리지만 '100점짜리 인재들이 오고 싶어하는 기업을 내 손으로 만들겠다'는 포부를 가진 젊은이들이 기업가로 성공할 수 있다고 강조했다.

따지고 보면 학벌 위주의 한국 사회에서 지방 대학 수석 졸업생인 윤 회장이야말로 90점짜리 인재의 표본이라 할 수 있다. 자신의 회사를 일군 뒤 학력이나 학벌보다는 철저하게 능력 위주의 인사를 하는 것은 이런 까닭에서다.

그 대표적인 예가 바로 델리아띠(제너시스 BBQ의 구슬김밥 브랜드)의 사업팀장 케이스다.

"델리아띠 사업팀장은 전문대를 중퇴한 사람입니다. 3년 전 그 친구가 제게 메일로 구슬김밥사업을 제안해왔죠. 당시 그 친구 나이가 스물셋이었는데 사업계획서를 읽어보니 기획팀에서 한 것보다 그 내용이 훨씬 낫더라구요."

　　윤 회장은 그를 입사시키고, 6개월 만에 대리에 앉혀 구슬김밥 사업을 맡겼다. 그는 2년째 사업을 총괄하며 팀장까지 올랐다.

　　"탁월한 사업가인 그를 전문대생이라고 거들떠도 안 봤다면 구슬김밥사업은 시작도 못했을 겁니다."

제너시스 BBQ와 윤홍근

　　윤홍근 회장은 창사 후 국내 프랜차이즈업계의 각종 기록을 갈아치우며 비약적인 성장을 이뤄내 그 분야에서 미다스의 손으로 불린다. 제너시스 BBQ는 현재 BBQ를 포함해 11개 브랜드를 운영하고 있다. 설립 당시 16개 가맹점으로 8억 원의 매출을 기록한 데 이어 2000년 2천390억 원(가맹점 1천200개), 2004년 4천500억 원(가맹점 2천500개), 2007년에는 8천800억 원(가맹점 3천500개) 매출을 달성하는 등 설립 첫해에 비해 무려 80배를 넘는 성장률을 기록 중이다.

　　이 같은 성공의 배경에는 윤 회장의 도전정신과 더불어, '소비자가 원하면 무엇이든 한다', '가맹점이 살아야 본사가 산다' 등의 현장중심경영이 있다.

　　윤 회장은 2003년 3월 중국에 이어 2004년 6월에는 스페인에 '제너시스'란 간판을 내걸며 프랜차이즈업계 최초로 해외시장 개척의 시동을 걸고 있다. 2006년 5월에는 일본과 같은 해 7월에는 미국에 로열티를 받는 '마스터프랜차이즈 방식' 진출을 성공시켰다. 또한 중국 상해와 청도에 이어 북경, 천진, 동북 3성, 강소성까지 확대했고, 연이어 베트남, 호주, 몽골, 중남미 등 43개국에 마스터프랜차이즈 방식으로 진출하는 본계약을 체결했다.

　　윤 회장은 "무형의 지식산업인 프랜차이즈 사업을 국가의 신성장 동력으로 키워 2020년까지 전 세계에 5만여 개의 가맹점을 개설하겠다"는 글로벌 시장에 대한 욕심을 스스럼없이 드러낸다.

타고난
비즈니스맨

김승호 보령 회장

김승호 회장은 1932년 충남 보령군 웅천면의 한 부유한 선비 집안에서 3남 1녀 가운데 차남으로 태어났다. 유년 시절에는 궁핍함을 모르고 자랐으나 양조장을 운영하던 아버지의 사업 실패로 초등학교 시절부터 가세가 기울었다. 6·25전쟁 발발 당시, 고등학교 졸업반이었던 그는 학병에 자원 입대한 후 장교로 임관하여 1957년 육군 중위로 예편했다. 제대 후 종로 5가 어느 허름한 문방구에 약국을 개업했는데 이것이 바로 보령약국이다. 약국 운영으로 자본을 모아 1963년에 어느 제약사를 인수, 보령제약을 창업했다. 1979년에는 보령메디앙스를 세우고 유아용품 사업에도 뛰어들었다.

기백과 배짱은 사촌 관계다.
기백은 정확한 것이고, 배짱은 다소
오차가 있다. 그래서 나는
기백이라는 말을 더 좋아한다!

　　　2007년 만 75세로 한국 남성들의 평균 수명을 얼추 살았다는 김 회장은 소문대로 대단한 '노익장'의 소유자였다. 5년 만에 이날 처음 술을 마신다는 그가 소주에 맥주를 탄 이른바 '소주 폭탄주'를 제조해 돌리며 잔을 깎은 듯 채우자 기자들 사이에선 "와, 제대로네"라는 탄성이 터져나왔다. 평소 주위 사람들에게서 비즈니스에 관한 한 '동물적 감각'을 타고났다는 평가를 받는 김 회장은 유머감각도 수준급이었다. "저녁식사하기 전에 회장님 주머니 사정부터 한번 확인해봐야겠습니다"고 하자, 김 회장은 (식당 주인에게) "사장님, 잠깐 이리 오세요. 오늘 내가 이 가게를 인수해야겠어요"라고 되받았다.

　　　또 '이 소리가 아닙니다'로 시작하는 용각산의 광고 카피를 기자가 정확히 기억하자 주머니를 뒤져(김 회장은 평소 지갑 없이 현금 30만 원 정도를 주머니에 넣고 다닌다고 한다) 5만 원을 꺼내 '감동고객 포상금'이라며 즉석 시상을 하기도 했다. 김 회장과의 대화는 맥주집으로 자리를 옮겨 자정 무렵까지 이어졌다. 스물다섯 살 혈혈단신으로 보령약국을 창업한 일화부터 앞으로 사업을 물려받을 큰딸 김은선 부회장에 대한 얘기까지, 김 회장은 특유의 구수한 화법으로 이야기보따리를 풀어냈다. 자리가 파할 무렵 김 회장은 평소 18번이라는 '번지 없는 주막'을 멋들어지게 열창, 박수갈채를 받았다.

Q   보령제약의 창립 50주년을 맞는 감회는 어떠십니까?

A   50주년을 맞아 자전거 바퀴 모양을 본뜬 엠블렘을 새로 만들었다. 자전거 바퀴는 크게 2가지 의미를 담고 있다. 보령제약의 모태인 보령약국을 처음 개업했을 때 나는 자전거를 타고 서울 시내 각지를 돌아다니면서 물건을 떼오고, 배달하고 했다. 그때만 해도 조그마한 약국 하나 운영하면서 차를 굴리기가 쉽지 않은 시절이었다. 이런 의미에서 본다면 자전거는 오늘날의 보령제약을 있게 한 일등공신 가운데 하나다. 또 다른 의미는 창립 50주년에 만족하지 않고, 새로운 50년, 즉 창립 100년을 향해서 끊임없이 페달을 밟겠다는 의미를 담고 있다. 계속 페달을 밟지 않으면 넘어지는 자전거처럼 보령제약도 지속적인 변화와 발전을 거듭하겠다는 것이다.

(약사면허 없이 보령약국을 창업한 비결을 묻자) 처음엔 월급쟁이 약사를 고용했다. 다른 일도 많았는데 그렇게까지 하면서 약국을 차린 데에는 성장 환경에 많은 영향을 받은 것 같다. 어렸을 때 큰형이 동네에

대창약국이란 조그만 약국을 차렸는데, 나는 학교가 끝나면 매일 그곳에서 살다시피 했다. 진열대에 놓인 각양각색의 약이 어찌나 신기하던지……. 그리고 초등학교 졸업 후 서울 숭문학교에 입학해 서울로 오게 됐는데, 그때 내가 거처로 정한 곳도 친척 형이 운영하던 약국 2층의 다다미방이었다. 나중에 백제약국으로 유명해진 종로 5가의 홍성약국이 바로 그곳이다. 대창약국이 약에 대한 호기심을 일깨워줬다면, 홍성약국은 약의 의미를 접하게 해줬다. 이렇게 보니 약국 창업이 어렸을 때부터 운명처럼 정해졌다는 느낌이 든다.

1957년 봄, 군대에서 장교로 제대한 후 그해 가을에 약국 개업을 결심했다. 그런데 변변한 경험도 자본도 없는 상태였다. 군대에서 모은 돈으로 근근이 마련한 서울 돈암동 집 한 채가 전부였다. 결혼한 지 1년도 되지 않아 아내를 설득해 돈암동 집을 팔아 300만 환을 마련해 약국을 차렸다.

Q 개업 장소로 종로 5가를 선택한 이유는 무엇인가요?

A 300만 환을 손에 쥐고 서울 시내에 목 좋은 곳을 찾아 돌아다녔다. 그러던 어느 날 우연히 종로 5가의 어느 허름한 문방구에 시선이 멈췄다. 낡고 볼품없는 건물이었지만 약국 입지로는 그만한 곳이 없다 싶었다. 예상은 적중했다. 개업 5년 만에 보령약국은 국내 최대 규모 약국으로 성장했으니 말이다. '종로 5가를 지나는 행인들 다섯 가운데 한 명은 보령약국 손님'이란 얘기가 나왔을 정도였다. (이 대목에서 김 회장은 의자를 당겨 앉았다. 목소리 톤도 높아졌다.) 아침이면

보령약국에 약을 사러 온 '브로커(약 도매상)'들의 자전거가 200대 넘게 세워져 있었다. 때로는 종로경찰서에서 나와 지도까지 할 정도였다. 당시엔 도매상들이 약 유통시장을 독점하고 있었을 때다. 소매약국으로 살아남기 위해서는 철저한 서비스 정신으로 무장해야겠다는 생각에 이를 악물었다. 제약회사에 현금을 주고 약을 들여오는 방식으로 가격을 낮추고, 혹 손님이 찾는 약이 우리 약국에 없으면 자전거를 타고 온 시내를 뒤져서라도 반드시 구해줬다. 이런 자세로 고집스럽게 몇 달간 운영하자 입소문이 나기 시작했다.

(에피소드를 들려달라는 요청에) 약국 바로 뒤에 정치깡패인 이정재 집이 있었다. 다른 건 논외로 치더라도 겉으로 보기에는 정말 멋있는 사람이었다. 가끔 약국 앞에 지프가 멈춰서면 이정재가 차에서 내려 부인과 팔짱을 끼고 집으로 들어가곤 했는데, 지금 생각하면 아무것도 아닌데 당시엔 그 광경이 그렇게 멋져 보일 수 없었다. 당시 종로 일대는 완전히 이정재 일파의 세상이었다. 동대문 시장을 개발한 것도 이정재였다. 그런데 이정재 꼬붕(부하)들이 밤마다 '술 사라, 밥 사라' 하면서 괴롭히기에 어느 날 나는 이정재가 집으로 들어갈 때 따라 들어갔다. '웬일이냐' 묻기에, '그냥 놀러왔다' 했다. 그러고 한참을 있다가 내가 '꼬붕들이 괴롭혀서 못 살겠다'고 하소연했다. 다음 날, 날 괴롭히던 놈들이 찾아와 무릎 꿇고 잘못했다고 하더라. 내가 기회를 잘 포착한 셈이지 뭔가.

Q　약국을 운영하다 제약회사를 차린 계기는 무엇이며, 보령제약은 생각대로 성장하고 있나요?

A　도매업을 겸하게 된 게 1962년인데, 당시 국내 의약품 시장은 과도기였다. 의약품 국산화 물결이 크게 일기 시작했다. 반면 국내 대형 도매상이나 약국들은 침체의 늪을 빠져나가기 위한 돌파구를 다각도로 찾고 있었다. 이런 동향을 지켜보면서 뭔가 전환점을 찾아야겠다는 고민을 했고, 그 생각의 끝에는 '의약품 제조업 진출'이라는 목표가 자리하고 있었다. 문제는 당시 정부가 의약품 제조업에 대한 허가를 쉽게 내주지 않았다는 데 있었다. 제약업에 뛰어들겠다는 결심을 실천에 옮기는 초장부터 난관에 부딪친 셈이다. 다행히 부산에 있는 동영제약이라는 도산 위기에 빠진 회사가 새 주인을 찾고 있다는 소식을 듣고 바로 인수했다. 당시 내 나이 서른한 살 때였다. 제약회사 사무실은 보령약국 가까이에 마련했는데 문제는 공장이었다. 변변한 생산품도 없는 상태에서 무리하게 시설 투자를 할 수 없는 노릇이었다. 게다가 돈도 없었다. 고민 끝에 마련한 공장이 바로 연지동에 있는 우리 집이었다. 비록 좁은 집 안에다 보잘것없는 설비를 갖춘 것에 불과했지만 그해 겨울 난 누구보다 행복한 사람이었다.

보령제약이 이렇게 성장할지 솔직히 몰랐다. 그때는 먹고살기 바쁘니깐 어떡하면 밥벌이할 수 있을까 하는 생각밖에 없었다. 그렇게 하다 보니 이렇게까지 온 거다. 지금은 올해가 50주년인데 앞으로 100주년까지 보령제약이 어떻게 가야 할까, 그러기 위해서는 어떤 시스템을 만들어야 할까, 이런 걸 고민하고 있다. 이게 지금 나에게 주어진 숙제다.

물론 회사 상황이 아주 어려웠던 적도 있었다. 1977년에 안양 공장이 수해를 입었을 때다. 신축한 지 3년밖에 안 되는 공장이었는데 30년 만에 처음이라는 집중 폭우로 예기치 못한 큰 피해를 입고 말았다. 값비싼 생산 시설과 제품들은 천장까지 휩쓸고 간 흙탕물로 진흙 범벅이 됐고, 전 생산라인이 윗부분만 겨우 보일 정도로 침수됐다. 하지만 그냥 주저앉을 수는 없었다. 사원들 200여 명 앞에서 '우리는 반드시 재기한다'고 강조했다. 다행히 직원들뿐 아니라 정부 협력업체 등의 적극적인 도움으로 재기에 성공했다. 당시 일부 도매상들은 선금을 주고 약품을 매입해주기도 했다. 전국의 관공서, 언론사, 금융기관 등에선 연일 성금과 성품을 보내줬고…… 실로 목이 메는 감동을 느꼈다.

Q 건강관리는 어떻게 하시나요?

A 건강관리란 게 별게 있나. 일 열심히 하면 된다. 건강이라는 게 타고난 체질에다 음식 잘 먹고 운동 잘 하면 되는 거 아닌가. 그렇다고 특별히 운동을 열심히 하는 건 아니고 골프나 가끔 치는 정도다. 외국에 나가 있을 때나 겨울을 빼고 일주일에 한 번 정도는 치려고 노력한다. 내 자랑 같지만 지금까지 홀인원을 세 차례나 했다. 남들은 평생 한 번도 못하는 홀인원을 세 차례나 했다는 게 조금 미안하긴 하다.

구력이 35년쯤 되는데 홀인원은 1980년 3월 일본 니혼CC에서 처음 하고 1983년 5월 안양CC, 1989년 9월 여주CC에서 한 번씩 했다. 그때가 내 골프의 전성기였던 것 같다. 그리고 이글도 세 차례 했다. 홀인원 하면 5년간 운이 좋다는 말이 있다. 정말 그런 것 같다. 일단 홀인원 하면 기분이 정말 좋아지고, 그러면 모든 걸 긍정적으로 하기 때문에 당연히 운이 좋아질 수밖에 없다. 주로 제약업계 오너들과 라운딩을 한다. 제약업계는 역사가 오래되다 보니 또래들끼리 만나는 모임이 있다. 동아제약 강신호 회장, 대웅제약 윤영환 회장, 중외제약 이종호 회장, 안국약품 어준선 회장, 일동제약 이금기 회장, 삼아약품 허억 명예회장 등 제약사 창업자 8명이 만든 '8진회'라는 게 있는데 31년째 이 사람들과 한 달에 한 번 골프를 치고 있다.

비즈니스 상대가 주로 의사, 약사니깐 그분들이랑도 가끔 어울린다. 시간이 없어서 그렇지 어울릴 사람들은 많다. 조금 지나면 나이 먹었다고 오지 말라고 하겠지만……. (좌중 웃음)

Q 가정엔 충실한 남편, 아버지라고 생각하시나요?

A 지금까지 살아오면서 가정적인 남편이 못 돼줬다는 생각에 마음 아픈 게 많다. (부인과는 1년여 전 사별했다). 요즘 한 달에 두 번은 경기

도 평택에 있는 산소를 찾아간다. 하루에도 몇 번씩 생각이 나지만 그래도 내가 할 일은 해야 하지 않겠나. (김 회장은 이 답변을 하면서 지금까지보다 오히려 더 밝은 표정을 지어 보였다.)

(경영수업을 받고 있는 장녀 김은선 부회장에 대한 질문에) 큰 궤도에서 벗어나지 않고 잘하고 있다. 회사에서 일하기 전에 '보령제약에 시집 오겠느냐'고 물었더니 '그러겠다'고 하더라. 이 점이 중요하다. 점수를 굳이 주자면 100점 만점에 51점 정도? 이 점수도 결코 짠 게 아니다. 비록 절반을 간신히 넘은 거지만 매사에 마이너스가 아니라 플러스로 가는 게 중요하다. 요즘 보면 회사에 큰 위기가 닥쳤을 때 믿고 맡길 수 있다는 생각도 든다. 어떤 면에서는 나보다 굉장히 앞서가고 있다. 내가 생각지도 못한 걸 종종 얘기한다. 예컨대 나는 소주밖에 생각 못하는데 은선이는 양주까지 생각하는 식이다.

보령제약 하면 빼놓을 수 없는 것이 용각산이다. 창업 10년 만인 1967년에 내놓은 용각산은 '이 소리가 아닙니다'로 시작하는 광고가 대히트를 치면서 보령제약이 중견 기업으로 도약하는 데 결정적 역할을 했다. 김승호 회장은 용각산의 탄생 과정을 설명하면서 용각산이 나노(1나노는 10^{-9}) 기술의 원조라는 이색 주장을 펼쳤다. "용각산의 가장 큰 특징은 약이 아주 미세한 분말 형태를 띠고 있다는 점입니다. 그래서 물 없이도 먹을 수 있고 효과도 좋지요. 요즘 유행하는 나노 기술과 엇비슷한 걸 용각산 제조에 사용한 것이죠. 용각산 광고를 만들면서 어떻게 하면 이 점을 부각시킬 수 있을지, 고심에 고심을 거듭했습니다." 이를 위해 그는 회사 임직원들과 머리를 싸매고 아이디어를 짜냈다. 총 서른 개 정도의 후보작들을 올려놓고 보름가량 고민했다. 용각산의 광고 카피는 이런 과정을 거쳐 1973년에 탄생했다. 결과는 대성공이었다. 이 카피는 당시 사람들의 입에 회자되면서 일종의 유행어가 됐다. '일본 제품보다 품질이 떨어진다, 일본 약으로 돈을 벌려고 한다'는 등 온갖 구설수 때문에 기가 죽어 있던 영업 사원들도 활기를 띠었다. 성수동 공장도 바빠지기 시작했다. 잔업이 늘고 출하량이 많아지면서 공장을 풀가동했다. 또 한 가지 잊을 수 없는 용각산의 일화는 일본 제조사의 기술을 이전받기까지의 과정이라고 소개했다. "생약제제에 관심을 가지던 중 일본 제약사 류카쿠산이 개발한 생약제품인 용각산을 알게 됐습니다. 바로 일본으로 날아가 경영진을 만나 기술을 이전해달라고 요청했지만 돌아온 대답은 당연히 'No'였지요." 김 회장은 그러나 꼬박 2년에 걸쳐 경영진을 설득했고 결국 기술 이전에 성공했다.

　김승호 회장은 1957년 종로 5가에 보령약국을 열어 5년 만에 전국 최대의 약국으로 성장시킨 눈부신 성공을 거뒀다. 그리고 이를 발판삼아 1963년에 보령제약을 설립했다.

　그는 한국전쟁 후 열악한 수입완제품 위주의 국내 의약품 산업을 원료약품의 국산화, 제제기술의 개발과 외국기업과의 기술제휴를 통한 선진 제약사의 생산과 품질관리체계를 도입, 국내 제약산업의 현대화를 이끌었다. 1970년대에는 '우수의약품 제조 및 품질관리기준(GMP)' 도입을 통해 제약산업의 현대화를 한 단계 높이는 데도 기여했다. 특히 '용각산', '겔포스' 등 한국인의 체질에 맞는 '국민의 약품' 개발은 모두 그의 손을 거쳤다.

　김 회장은 작은 성공에 안주하지 않고 지속적인 사업 확장을 통해 보령제약을 '토탈헬스케어그룹'으로 변신시키고 있다. 유아용품과 패션 분야의 대표 주자인 보령메디앙스, 백신 개발과 제대혈 사업을 하는 보령바이오파마, 건강기능성 식품과 한방화장품 사업을 하는 보령수앤수 등 7개 계열사가 보령제약그룹의 일원이다.

　김 회장은 한국제약협회 회장, 세계대중약협회 회장 등을 역임하며 한국 의약품의 세계화에도 앞장서왔다. 또한 '제약산업은 인간의 생명을 다루는 산업이므로 그 어느 산업보다 사회적 기능 수행을 위한 기업윤리가 선행되어야 한다'는 사명 아래, '보령의료봉사상', '보령암학술상' 등 다양한 프로그램을 통해 기업이익을 사회에 환원하는 데에도 적극적으로 나서고 있다.

너무도 투명한 경영의 귀재

_ 남상태 대우조선해양 사장

남상태 사장은 1950년 대구에서 태어났다. 서울 경동고등학교와 연세대학교 경제학과를 졸업했다. 1979년 대우조선공업(현 대우조선해양)에 입사, 1995년 이사로 승진했고, 대우그룹이 1999년 워크아웃에 들어선 뒤 자금담당 상무, 기획재무담당 전무 등을 역임했다.

편안함은 위대함의 적敵이다!

엄격한 고위 공무원이었던 아버지, 경제학 전공에 30년 가까이 회사에서 자금 업무만을 맡았던 사나이가 있다면 그의 인생 이야기는 얼마나 따분하고 딱딱할까. 게다가 무뚝뚝한 경상도 출신이며, 외모마저 분위기를 잔뜩 잡아야 제격일 것처럼 아주 핸섬하게 생겼다면? 하지만 세상에 예외 없는 룰은 없다고 했다. 남상태 대우조선해양 사장이 그랬다. 그와 만나자마자 그의 배경에서 비롯된 선입견은 눈 녹듯 사라졌다. 그의 얘기는 매우 따뜻했고, 격의가 없었으며, 곳곳에 유머도 배어 있었다. 오래 알고 지낸 고향 형이나 막내 삼촌을 대하고 있는 것 같은 생각이 들기도 했다. 저녁 7시 서울 무교동의 어느 중국집에서 시작된 남 사장과의 인터뷰는 저녁 10시쯤 인근 포장마차로 자리를 옮겨 2차에 걸쳐 새벽 1시까지 진행됐다.

Q　'월급쟁이'로 시작해 CEO까지 올랐는데, 사장님의 직장생활은 어떠했나요?

A　돈 구하느라 늘 바빴던 기억밖에 없다. 옛날 대우조선은 자금 사정이 좋은 날이 별로 없었다. 하루에 단자회사에서 몇천억 원씩 돈 구한 적도 있다. 1980년대까지는 너무 바빠 밤 10시 전에는 저녁 먹을 생각도 못했고, 민주화 운동이 한창이던 1987년쯤에 돈 가방

들고 (시위대로 오인돼서) 경찰서에 붙잡혀 간 적도 많았다. 서울 명동에 갔다가 전경들이 못 나오게 해 100억 원짜리 어음 보여주고 빠져나온 일도 한두 번이 아니었다. 1985년인가? 무슨 일이 있어 하루 전화 통화 숫자를 세어본 적이 있는데, 하루에 600통을 했던 날도 있더라. 당시 20~30개 금융기관과 거래를 했는데, 각 금융기관의 일선직원부터 대리, 과장, 차장, 부장까지 '돈 언제 갚을 거냐고' 전화를 해대니 말이다.

대우 들어와서 10년간 휴가 한 번 못 썼다. 입사 후 11년 만인 1990년에 가족들과 양평으로 첫 여름휴가를 갔다. 그런데 휴가 첫날 아침에 콘도에서 회사로 출근해야 했다. 자금이 불안해 안 되겠더라. 그날 어음 교환 다 처리하고 밤에 콘도로 돌아가는데, 팔당댐이 막혀버렸다. 그땐 밤 12시가 되면 댐을 잠갔는데, 댐 지키던 사람들한테 수박 두 통 사가지고 "이 문 안 열어주면 나 마누라한테 쫓겨난다. 정말 큰일 난다"고 읍소해 간신히 넘어갔다. 확실히 돈 만지는 사람은 임전무퇴다. 그래서 자금 직원들을 '자금쟁이'라고 부른다.

솔직히 너무 힘들어 회사 나갈 생각도 많이 했다. 그런데 너무 바쁘다 보니, 다른 직장에 원서 낼 시간이 없었다. 그러다 결국은 내 꿈이 뭔지도 잊어버리고 살았다. 요즘 젊은 사람들은 불평도 많은데, 다 배부르니까 하는 소리다. 배고프면 불평할 시간도 없다.

외환위기가 일어난 1997년, 그리고 대우그룹이 '워크아웃'에 들어갔던 1999년 나는 자금담당 임원을 맡고 있었다(회사 직원들은 '자금 담당 이사 시절엔 야전침대 갖다 놓고 회사에서 매일 사셨죠'라고 회상한다). 우

리 회사(당시는 대우중공업)가 워크아웃 들어간 직후부터는 구조조정
담당 임원도 맡았다. 산업은행이 기업분할(채권단은 대우중공업을 대우
조선해양, 대우종합기계로 분할했다) 할 때 소액주주들이 반대해서 그들
과 실랑이도 많이 벌였다. 당시 우리 회사는 무슨 수를 써서도 소액
주주 문제를 해결해야 했다. 그래서 소액주주 대표자들 집에 쌀 한
가마니, 라면 한 박스 사들고 일일이 찾아다녔던 기억이 생생하다.
소액주주 집에서 부인들 만나면 무조건 '누님' 하고 부르며 설득했
다. 그렇게 해서 해결했다. 나중엔 그렇게 정든 소액주주들이 결국
친구가 됐다. 소액주주들은 우리 회사 잠수함 사업을 다른 업체에 매
각하려 할 때 국방부로 가서 시위도 해주고, 주총 때는 총회꾼들을
혼내주기도 했다.

Q　　대우조선해양의 경쟁력은 무엇입니까?

A　　지금은 잘나가고 있지만 옛날 대우조선은 소외받는 기업이

었다. 심지어 대우그룹 내부에서도 그러다 보니 우리는 우리 힘으로 살 수밖에 없었다. 나름대로 기술개발도 하고…… 결국엔 그것이 힘이 됐다. 맨날 천덕꾸러기였으니까 그게 우리 강점이 된 거다.

2007년 1월 현재, 대우조선해양 직원은 2만6천80명이다. 이중 일부가 앞서 나가면 나머지가 뛰어서 따라가면서 전체가 잘 하고 있다. 미 해병대 구호는 '원포올one for all, 올포원all for one' 이다. 의미심장한 얘기다. 서로가 서로를 지켜주는 게다.

현재 대우조선은 매각을 앞두고 있어 수주 활동 등 영업에 조금 불리한 측면이 있어 안타깝다. 가끔 우리 비즈니스 상대가 '당신 회사가 팔리면 어떻게 달라질지 모르는데 발주를 해도 좋겠냐'고 묻곤 한다. 그때마다 우리는 돈 벌어 몇몇 특정인만 배불려주는 게 아니고, 회사의 이익 모두를 당신들 같은 고객회사와 주주에게 돌릴 수 있어 좋다고 설득한다.

Q　오너와 전문경영인 체제의 장단점은 무엇이며, 사장으로서 임직원들과의 관계는 어떻게 유지하고 있나요?

A　전문경영인 제도에는 분명 장점이 있다. 바로 투명성 때문이다. 굉장히 객관적으로 하니까 노동조합도 우리를 믿고 따라와주고…… 그런 면에서 우리는 오너가 있는 곳보다 분명 강하다. 반면 불리한 점도 있다. 기회를 포착해야 하는데 주위에서는 주인 없는 회사가 일만 벌인다고 해서 기회를 놓치는 게 정말 억울하다. 인생도 비즈니스도 다 찬스를 잡는 건데, 찬스는 항상 오지 않는다. 기회가

왔을 때 잡지 못하면 다시 오지는 않더라.

난 사장의 업무 가운데 제일 쉬운 것은 물리학적이고 아주 기계적인 거라고 생각한다. 공학적으로는 아무리 어려운 문제도 한번 풀리면 나중에도 계속 풀린다. 그러나 사람은 계속 바뀐다. 그래서 사람의 마음을 잡는 게 가장 어렵다. 아직 원하는 만큼은 얻지 못했지만, 매년 조금씩 직원들 마음을 얻어가고 있다. 직원들의 마음을 잡기 위해선 내 가치 기준과 그들의 가치 기준이 같아야 한다. 울 때 같이 울고 웃을 때 같이 웃는, 그런 마음이 와 닿아야 된다.

난 노래를 듣는 건 잘해도 잘 부르지는 못한다. 그래도 회사에서 파티 같은 것을 하면 내가 제일 먼저 무대로 올라가 춤추고 그런다. 처음엔 분위기가 쭈뼛쭈뼛하지 않은가. 그럴 때 사장이 먼저 나와 춤추면 분위기가 확 뜬다. 그럴 때 부르는 노래에는 2가지 원칙이 있다. 첫째, 노래를 못해도 절대 빼지는 않는다. 둘째, 느린 곡은 안 한다. 일단 빠른 곡을 해야 분위기가 산다. 우리는 '연상의 여인' '어쩌다 마주친 그대' 등의 노래를 한다. 못 불러도 소리만 크게 내고 빨리만 움직여주면 되기 때문이다. 괜히 '두만강' 이런 거 하면 분위기 깨진다. 요즘은 '부산갈매기' 개사해서 (조선소가 위치해 있는) '거제갈매기'를 많이 부른다. 남들은 최고경영자인 CEO를 'Chief Executive Officer'라고 하는데, 나에게는 최고 유흥 경영자Chief Entertaining Officer인 셈이다.

직원들 경조사를 챙기는 데에도 항상 신경을 쓴다. 예전에는 야유회를 가면 직접 비디오 촬영을 해뒀다가 결혼하거나 퇴직할 때 편집해 전해주기도 했다. 직원들이 내 진심을 몰라줄 때는 서운할 때도 있다. 난 사랑하는 부하일수록 야단을 많이 친다. 잘되라고 하는 말이지만 직원들은 야단맞는 게 싫어 표정이 일그러진다. 회사를 그만둔 직원도 있다. 그러면 '내가 잘못했나' 하는 생각이 들 때도 있다. 하지만 요즘엔 그 직원들도 다 연락이 온다. '그때 정말 제대로 배웠습니다' 하면서 연락을 하더라.

Q 어린 시절에 대해 말씀해주시지요.

A 내 고향은 대구다. 태어난 곳이 대구다. 하지만 아버지가 공무원(고등고시 4회)이라 아버지를 따라 청송·영양·예천·문경·의성·전주·대전·부산 등 살아보지 않은 데가 없다. 중학교 1학년 때 아버지가 서울로 오셔서 전학을 왔다. 아버지가 학교에 결석 처리가 안 되게 하려면 개천절에 전학해야 한다고 해서, 1962년 10월 3일 경북사대부속중학교에서 경동중학교로 전학했다. 그래서 우등상은 몰라도 개근상은 항상 받았다.

학교 다닐 때는 좀 고달픈 적도 있었다. 대구만 해도 우리나라 3대 도시인데 서울 오면 사투리를 쓰니까 서울 친구들이 '시골 촌놈아, 시골 촌놈아' 하고 놀렸다. 물론 그때만 해도 문화적 차이는 있었다. 근데 지금 돌이켜보면 여러 곳에 산 게 참 좋았다. 군대는 강원도에서 있었으니까 우리나라에서 살아보지 않은 데가 없을 정도다. 일단 남보다 많은 사람들을 안다. 남들은 사람 사귀려고 일부러 대학원에도 다니는데 말이다.

유년시절에는 경제적으로 괜찮았다. 어렵게 성장하지는 않았다. 하지만 독립적으로 자랐던 것 같다. 내가 어릴 때 개집에서 하룻밤을 잤던 적이 있다. 초등학교 4학년 때 대구에서 하숙을 했다. 1959년인데 그해 뇌염이 심하게 돌아 휴교령이 내려졌다. 그러자 어린 나이에도 집이 너무 그립더라. 당시 아버지가 의성군수였다. 대구에서 무작정 기차를 탔고 밤에 의성에 내려 집으로 찾아갔다. 어머니는 무척 반가워하셨는데, 아버지가 오셔서 "사내 녀석이 옛날 같으면 가정을 책임질 나인데 부모 보고 싶다고 갑자기 오면 어떡하냐"며 밤에 돌아가라는 거다. 통행금지가 있던 시절이었다. 나중에 어머니가 그러시는데 내가 그날 밤 집에 기르던 개집에 들어가 잤다고 하더라. 아버지는 그렇게 독립심을 키워준 것이었다.

Q　아버님이 무척 엄하셨나요?

A　예전의 아버지들이 다 그러셨듯 무척 엄하셨다. 사춘기 때는 아버지가 워낙 무서워 반항도 못했다. 아버지와는 아예 '게임'이 안 됐다. 나는 대학도 재수를 했고, 학교 다닐 때 아버지가 피우지 말라던 담배를 피웠고, 음악을 좋아해 매일 기타 치면서 집에 있었다. 난 트럼펫도 분다. 학생 때 배웠다. 그 당시에는 트럼펫은 불고 싶었는데 악기가 어찌나 비싼지……. 그래서 학교 밴드부에 '나한테 이쁜 누나 있다'고 거짓말해서 선배들 트럼펫을 빌려 사직공원에 가서 연습했다. 물론 아버지께 걸려서 신나게 두들겨 맞은 적도 있었다. (웃음)

(남 사장은 잠시 이야기를 멈춘 뒤 말을 이었다.) 만일 아버지의 엄한 훈

련이 없었더라면 지금의 나도 없었을 거다. 우리 아버지, 참 냉정하신 분이었다. 돌아가실 때 막내가 미국에서 공부하고 있었는데, 당신이 아프다는 걸 동생에게 절대 알리지 말라는 거다. 그래서 막내는 아버지 돌아가신 것도 모르고 미국에서 공부했다. 아버지는 돌아가시기 전 미국에 있는 막내에게 편지를 자주 썼다. 그런데 아버지가 돌아가시고 나서 내가 대신 동생에게 편지를 썼다. 아버지가 연로하셔서 편지 쓰기가 힘드시니까 내가 대신 쓴다고 핑계를 댔다. 동생은 아버지가 돌아가신 것을 미국에서 학교 졸업하고 한국에 돌아와서 알았다. 2년이 지났을 때다.

아버지 돌아가실 때의 유언도 골치 아프다. 아버지 유언은 첫째 조국의 민주화, 둘째 조국의 통일, 세 번째가 뭐냐 하면 전쟁과 폭력이 없는 나라, 네 번째가 질병과 기아가 없는 국가. 결국 자식들 얘기는 한마디도 없었다.

Q　지론이 있다면 어떤 것인가요?

A　사람을 중하게 여긴다는 점이다. 나는 천성적으로 한번 믿은 사람은 버리지 않는다. 나는 지금까지 업무를 오래 해왔지만 단 한 번도 시재(현금) 검사를 해본 적이 없다. 믿는 사람을 쓰고, 쓰고 나면 100퍼센트 믿기 때문이다. 물론 내 평생 한 명도 버리지 않았다면 거짓말일지도 모른다. 하지만 언젠가 나를 음해하며 검찰에 고발한 직원들이 있었는데, 지금 그 중 3분의 2는 구제해줬다. '뭔가 나를 모함한 이유가 있었겠지' 라고 생각하기로 했다.

믿을 수 있는 사람은 느낌이 온다. 눈빛만 봐도 다 안다. 나는 경영이라는 게 과학이라기보다는 아트에 가깝다고 본다. 필링이 중요하다. '저 사람은 괜찮다, 저 사람은 믿을 수 있겠다' 하는 감이 있다. 특히 어릴 때 불편하고 어려운 과정을 겪었던 사람은 더 믿을 수가 있다.

청소년들에게는 세상이 성적순으로만 되지 않는다는 점을 강조하고 싶다. 재미난 얘기를 하나 하자면, 고등학교 시절에 우열반이 있었다. 열반은 돌반이었고, 나도 돌반 출신이다. 그런데 50대가 된 지금 동창들과 골프대회를 가끔 한다. 공부 잘했던 우반 출신은 골프팀 구성이 잘 안 된다. 반면 열반은 골퍼들이 워낙 많아 예선전을 거쳐야 할 정도다. 열반 가운데에서도 맨날 싸움만 하던 애들이 모여 있던 '시카고반'(남 사장은 시카고가 마피아의 도시라는 데서 시카고반이 유래됐다고 설명했다) 출신의 골퍼가 최고로 많다. 결국 인생이라는 게 성적순으로만 되는 게 아니다. 사회 나와서 어떻게 노력하느냐에 따라 (사회의) 우반이 되고, 열반이 되기도 하는 것이다.

Q　가장 힘들 때는 언제이고, 특별한 스트레스 해소법이 있습니까?

A　상의할 사람이, 정말 맘 놓고 상의할 사람이 없다는 것, CEO로서 그게 정말 힘들다. 그럴 때는 꼭 아버지가 생각난다. 아버지하고 상의하면 답이 나올 것도 같지만 지금은 상의할 사람이 없다. 난 사장 되고 나서 제일 먼저 아버지 산소를 찾았다. 중요한 결정을

내릴 때는 중압감이 유독 심하다. 그럴 때는 2가지를 한다. 첫째, 눈 덮인 산에 올라간다. 대한민국에 안 가본 산이 없다. 무지하게 빨리 올라간다. 산에서는 10년 젊은 사람들에게도 절대 지지 않을 자신이 있다. 둘째, 집에서 음악을 무지 크게 듣는다. 협주곡 등을 아주 크게 틀어놓고 듣는데, 30분 정도 지나면 마음이 좀 풀린다. 우리 집 지하실에는 음악실이 따로 있다. 내가 아파트에 못 살고 단독주택에서 사는 게 이 때문이다.

비틀스에서 브람스까지 모든 음악을 좋아한다. 클래식 들어보면 이건 누구 음악이다 바로 안다. 요즘도 극장 가서 영화 보다 보면 저거는 배경음악이 뭐다, 거의 안다. LP, CD 합쳐 1천 장 정도 있다. 어려서부터 레코드판을 많이 갖고 있었는데, 아버지가 공부 안 한다고 아궁이에 태워버린 것만 수백 장이다. 담배 한 갑이 15원인데 레코드판 한 장이 50원이던 시절이다. 그래도 (아궁이에 들어갔던) 그것들 가운데 몇 놈은 아직 살아남아 있다.

우리 집 음악실에는 온갖 잡동사니가 다 있다. 나는 사람도 그렇지만 물건도 못 버린다. 학교 다닐 때 갔던 극장표도 다 있다. 내가 어린 시절 아버지께 썼던 편지, 아버지가

내게 보낸 편지도 있다. 아버지 편지 가운데 내가 군대생활할 때 '담배는 너의 적이다'라고 쓰셨던 구절이 제일 기억에 남는다. 끝끝내 담배를 끊지 못했지만……. 언젠가는 할머니 유품을 정리하다가 아버지가 먼 옛날 할머니께 보낸 편지도 찾아냈다. 거기에서 아버지가 "식량배급은 나옵니다. 굳이 불편한 걸 말하자면 부엌이 없으니 비오는 날은 밥을 지을 수 없습니다. 그렇지만 한 끼 안 먹는다고 사람이 죽는 거 아니니까 어머니 걱정하지 마십시오"라고 쓰셨던 구절이 왠지 잊혀지지 않는다.

Q　가족에 대한 이야기, 덧붙여 인생을 다시 시작해도 샐러리맨을 선택하시겠습니까?

A　(겸연쩍은 표정을 지으며) 경상도 사람들은 미안해도 미안하다 소리 못하고, 이뻐도 이쁘단 소리 못한다. 난 아내에게 결혼하자는 소리도 안 하고 결혼한 유일한 남자다. 난 프러포즈가 있는지도 몰랐다.

큰애는 딸이고 둘째는 아들인데 둘 다 결혼은 안 했다. 아들 녀석은 군대에 있다. 미국에서 공부하다 대학 3학년 마치고 지금 의정부에 있다. 요즘에는 미국서 공부하다 입대한 사병들은 부대에서 얼마간 특별 관리를 한다고 들었다. 무척 힘들어한다. 난 우리 아들 소대장한테 편지를 썼다. 우리 아들 미국서 공부했지만 자기 혼자 다 알아서 했으니까 걱정하지 마시라고, 사람만 만들어달라고…….

다시 인생을 시작할 수 있다면 예술을 하고 싶다. 예술 하는 사람을 보면 언제나 부럽다. 다시 인생을 시작한다면 영화감독을 하고 싶다. 창조성이 있는 일을 하고 싶다. 계백장군 같은 영화를 찍을 거다. 비장하게 군사 5천 명을 이끌고 결국 자기가 죽을 걸 알고도 끝내 할 일을 다하는……. 장수에게 전쟁터에서 죽는 것보다 더 명예로운 일이 있을까. 기업인들이 협상하다가 죽는 것을 가장 명예롭게 여기는 것처럼 말이다. 나는 개인적으로 계백장군을 존경한다. 우리나라 모든 사람들이 계백장군만 같다면 아마 전 세계를 장악할 수 있을 거다.

남상태 사장은 대학을 졸업할 때만 해도 대기업의 CEO가 되겠다는 생각은 없었다. 그에게 대우조선해양은 네 번째 직장이다. 그는 '언젠가 내 사업, 그것도 제조업을 해보겠다'는 포부를 갖고 있었고, 그래서 발전 가능성이 있고 일도 많이 배울 수 있는 중소기업만 골라 다녔다. 소위 일류대를 졸업한 그가 국내 굴지의 대기업에 취직할 수 있었지만 첫 직장으로 두산기계를 택한 것도 이런 연유에서였다. 하지만 그는 당시 두산기계가 외자 도입을 통해 급성장세를 보이자 1년 만에 회사를 그만뒀다.

"기업이 갑자기 커지니 일을 못 배울 것 같아 중소기업에 가야겠다고 생각했습니다."

두 번째로 입사한 대중공업(가스실린더 제조 중소기업)은 개인적 사유로, 세 번째 직장인 우정해운(해운회사)은 '제조업 체질'에 맞지 않아 포기했다. 중소기업을 선호했던 그가 결국 네 번째이자 마지막 직장인 대우그룹을 선택한 것은 순전히 그의 딸 때문이었다.

"실직자가 되던 날 첫애가 태어났습니다. 예정보다 한 달 빨리 애를 낳아놓고 실직을 하니 마음이 조급해지더군요. 때마침 대우와 삼성에서 신입사원을 뽑고 있어 원서를 냈습니다. 삼성보다 대우를 선택한 것은 '발전 가능성이 있는 중소기업에 가고 싶다'는 잠재의식의 영향이었지요. 당시만 해도 대우는 막 뜨는 기업이었습니다. 잘 짜여진 곳보다는 성장 중인 기업에 가야겠다는 생각이 들었습니다. 대우조선에 온 것도 마찬가지입니다. 당시 대우에서 가장 별 볼일 없는 데가 대우조선이었고 그래서 선택했지요. 발전 가능성이 있는 곳에 가야 기회가 생기는 법입니

다. 요즘도 저는 선진국보다는 나이지리아 등 발전 가능성이 큰 시장에
비즈니스를 집중하고 있습니다."

"아무리 어려워도 걱정을 안 하는 게 저의 경쟁력이라고 자부합니다. 저는
아무리 어려워도 회피하지 않으며 정면 돌파하고 어려울수록 힘이 납니
다."

본인의 경쟁력이 무엇이라고 생각하느냐는 질문에 대한 남 사
장의 답변이다.

"지금도 쉬운 일에 대해서는 욕심이 없고 어려운 일이다 싶으면
용기가 생기더군요. 제가 CEO가 될 수 있었던 힘도 직장생활 하는 동안
많은 어려움을 뚫고 나간 점을 주위에서 인정했기 때문이라고 생각합니
다. 결혼할 때도 우리 집과 처가 모두 반대했지만 기어코 뚫고 나갔습니
다. 저는 어쩌면 평화시절에는 안 맞는 CEO일지도 모르겠습니다."

남 사장이 평소 직원들에게도 '궁즉통, 다시 말해 궁한 처지에
있어 봐야 무슨 일이든 통한다'는 말을 입버릇처럼 하고 다니는 것도 마
찬가지 이유다. 인터뷰 내내 "편안한 것은 좋지만 위대한 것의 적입니다"
라는 말을 10여 차례 이상 되풀이하기도 했다. '성공의 반은 죽을지 모른
다는 긴박하고 급박한 상황에서 비롯되고, 실패의 반은 잘나가던 때의 향
수에서 비롯된다'는 아널드 토인비의 말을 인용하기도 했다. 남 사장은
그래서 스스로를 어려움에 일부러 빠뜨린다고 한다. 새벽에 퇴근하기 일

쑤였던 자금부장 시절에 그는 오전 5시에 시작하는 일본어 학원에 등록,
하루 두세 시간만 자고 외국어 공부를 하기도 했다.

"저는 저 자신을 학대하는 스타일이에요. 아직 호기심이 많은
것도 제 장점입니다. 요즘 여기저기서 창조, 창조 하는데 창조의 근간은
호기심입니다. 젊었다, 늙었다의 차이는 호기심의 차이죠. 저는 통행금지
에 걸리면 어떻게 될까 하고 젊어서 통행금지에도 걸려보기도 했습니다.
물론 아직도 호기심이 많지요."

CEO & COMPANY

대우조선해양과 남상태

　　남상태 사장은 1979년 대우조선공업(현 대우조선해양)에 입사하면서 대우조선해양과 인연을 맺었다. 그는 2006년 3월 대우조선해양 대표이사로 취임하기 전까지 직장생활의 대부분을 자금업무를 맡은 '재무통'이다. 옛 대우중공업의 자금담당 상무로 근무하던 2000년, 채권단과 소액주주 등 이해 당사자들을 일일이 찾아다니며 갈등을 조정해 대우중공업을 대우조선해양, 대우종합기계(현 두산인프라코어) 등으로 분할하는 데 핵심 역할을 했다. 이어 차입금 조기 상환, 효율적인 자금 운용을 통해 대우조선해양이 옛 대우그룹 계열사 가운데 가장 빨리 워크아웃을 졸업하고 세계 빅3 조선사로 재도약하는 발판을 마련했다. 또한 노사관계를 책임지는 경영지원총괄 부사장으로 재직한 당시에는 산재요양, 협력회사 처우 문제 등 노조와의 쟁점을 대화와 양보로 합리적으로 해결해 '상생의 노사관계'를 정립했다. 사장 취임 첫해인 2006년에는 치열한 수주 경쟁을 뚫고 110억 달러의 수주를 거둬 창사 이래 최초로 '100억 달러 수주 돌파'라는 기염을 토했다. 2007년에는 수주액이 전년 대비 2배 이상 증가한 215억 달러에 달해 사상 최대 실적을 이뤄냈다. 이런 노력을 인정받아 2007년 제44회 무역의 날에 60억 불 수출탑과 금탑산업훈장을 받았다. 남 사장은 현재 회사의 중장기 비전 실현에 주력하고 있다. 대우조선해양을 2009년까지 세계 1위의 조선·해양 기업으로 키워내고, 2012년까지 물류 등 서비스 부문을 강화해 매출 24조 원의 그룹으로 성장시키겠다는 것(F1전략)이 그의 목표다. 남 사장은 직원들과의 '스킨십 경영'도 중시한다. 그래서 평소에도 직원들과 등산이나 마라톤을 함께 즐긴다. 아무리 바빠도 일주일에 한 번은 회사 지하의 헬스클럽에 내려가 직원들과 같이 땀을 흘리고 격의 없는 대화를 나눈다.또한 음악과 영화 등 예술에 대한 남다른 관심과 조예가 있는 남 사장은 집에 음악감상실을 따로 마련할 정도로 음악 감상을 즐긴다. 2007년에는 한국예술종합학교 최고경영자 문화예술 과정을 수료하기도 했다.

적자기업의
구원투수

_배영호 코오롱 사장

배영호 사장은 1944년 부산에서 태어났다. 경북고와 서울대 섬유공학과를 졸업했다. 1970년 코오롱(당시 한국나일론)에 입사해 뉴욕지사 근무를 거쳐 산자사업부장, 상무, 구미공장장(전무)을 지냈다. 1998년부터 2005년까지 코오롱유화와 코오롱제약 대표이사 사장을 역임한 뒤 2005년 12월 코오롱 사장에 취임했다. 2005년부터는 건국대 행정대학원 겸임교수를 맡고 있으며 대구 세계육상선수권대회 유치위원회 위원으로도 활동 중이다.

어떤 일이든 땀을 흘리지 않고는
절대 이룰 수 없다!

배영호 사장은 CEO 경력만 9년째다. '기업의 별'로 불리는 임원생활만도 18년을 했다. 배 사장에게는 '적자기업 구원투수' 또는 '소방수 CEO'란 수식어가 따라다닌다. 우연찮게도 적자기업만을 맡아 흑자기업으로 바꿔놓은 이력 때문이다. 적자에 허덕이던 코오롱제약을 살려놨고, 코오롱유화의 성장 기반을 닦아놓은 게 좋은 예다. 잦은 노사분규로 흔들리던 코오롱까지 보듬어냈다.

배 사장은 훤칠한 키와 서글서글한 인상에 유머감각도 수준급이다. 아쉬울 것 없었던 지난 인생에 대해 그는 "화투 뒷장이 잘 붙었다"고 겸손해했다. 하지만 다섯 시간에 걸쳐 격의 없는 대화를 나눠보면, 그가 어느 정도의 노력파인지를 금세 알 수 있다. 서울 중림동의 어느 닭꼬치집에서 배 사장을 만났다.

Q   고생을 많이 하셨는데 어릴 적 꿈은 무엇이었습니까?

A   CEO 가운데 고생한 사람들이 80퍼센트 정도는 되는 것 같다. 나도 어릴 때부터 고생은 지긋지긋하게 했다. 하지만 내 나이 돼보니 고생해야 이룰 게 더 많더라. (배 사장은 '無汗不成'이라고 쓰인 액자를 들어 보였다). 무한불성, 말 그대로 땀 없이는 어떤 것도 이룰 수 없다는 얘기다. 집 거실에 걸어놓고 항상 되새기고 있다. 16년 전에 글

씨 쓰는 한 지인이 써준 거다. 이동찬 명예회장께서 준 그림과 이 액자가 내 보물 1호와 2호다.

초등학교 때는 이사만 열 번 정도 다닐 정도로 집안 사정이 어려웠다. 아무 생각이 없었다. 세 끼 밥 잘 먹는 게 꿈이었다면 너무 불쌍한가. 소풍 때는 부추김치만 싸갔을 정도였다. 어렸을 때 아버지의 사업이 부도나면서 그야말로 쫄딱 망했다. 초등학교 1학년 때 일이다. 이후 엄청 고생했다.

고등학교 3학년 때는 입주과외를 했다. (당시 제일모직 공장장이었던 조필제 세양주택 회장의 집이었다.) 그래서 사업보다는 샐러리맨을 해야겠다고 마음먹었다. 기왕이면 월급이 많은 섬유회사에서 말이다. 당시 대구에서 잘사는 집의 아들딸들은 십중팔구 아버지가 섬유사업을 했다. 섬유가 엄청 잘나갈 때다. 그래서 한 해에 30여 명이 배출되는 서울대 섬유공학과에 지원했다.

(돈은 많이 벌었냐는 질문에) 사실 신입사원 시절에는 내 봉급이 얼마

인지도 몰랐다. 과장 진급할 때까지도 잘 몰랐다. 따져봐야 봉급이 올라가는 것도 아니고, 그저 적게 쓰면 된다고 생각했다. 그렇다고 돈에 별로 관심이 없다는 뜻은 아니다. 명색이 CEO인데 사업할 때 채권, 비용, 회계 장부 등은 엄청나게 따진다. 돈은 직장생활 하면서 먹고살 만큼 모았다. 얼마라고 말하면 너무 적을 수도 있고, 반대로 너무 많다고 할 수 있으니 봐주라. (웃음) 재테크에는 별로 소질 없는 것 같다. 은행에 간접투자 상품도 이용하고 정기예금도 들었다. 나름 대로 포트폴리오를 고려한 셈이다.

Q　연세에 비해 젊어 보이시는데 어떤 비결이 있나요?

A　젊어 보인다는 말 많이 듣고 있다. 최근 모 대학교에서 여성 CEO들을 대상으로 강연을 하는데, 코오롱제약의 회생 경험담을 들려주다 보면 관련 질문은 하나도 없다. 대신 젊어 보이는 비결이 뭐냐는 질문만 한다. (음식점 주인이 40대 중반처럼 보인다는 말을 더해, 좌중은 웃음바다가 됐다.) 비결이라야 별것 있나. 원래 낙천적이고 긍정적이다. 골치 아픈 일은 처리한 후 바로 잊어버린다.

(배 사장은 Y담〔야한 이야기〕 전문가로도 통한다). 내가 알고 있는 Y담만도 350여 개 정도 된다. 15년 정도 모았다. 팔방미인이 돼야 한다는 생각에 Y담을 수집하기 시작했다. 어떤 모임이나 자리에서 좌중을 이끌고 대화하려면 노래, 골프, Y담 등 못하는 게 없어야 한다. 그래서 재미있는 얘기를 들으면 집에 가서 메모하는 습관이 생겼다. 특히 CEO가 되면 모든 만남에서 남들이 나를 잘 기억하도록 하는 데 Y담

이 효과적일 때가 있다. 나는 Y담 때문에 모 협회에 매번 초청을 받는다. (웃음)

하루 30분씩 운동도 거르지 않는다. 운동은 2006년 회사에 설치된 '실천의 벽'이란 곳에다 실천목표를 운동으로 적으면서 시작했다. 무슨 일이 있어도 하루에 30분씩 꼭 하려고 노력한다. 사실 회사 직원들끼리 서로 보니까 안 할 수가 없더라. 아침도 꼭 먹는다.

무엇보다 기본에 충실하면 된다. 사실 경영이나 건강유지나 다 기본에 충실하는 것이 중요하다. 공부도 마찬가지다. 벼락치기로 공부한다고 성적이 오를 리 있나. 나는 원래 약골이었다. 어릴 때 집안이 어려워 시래깃국, 청국장 등만 먹었는데 요즘은 이런 음식들을 웰빙식품이라고 하더라. 그래서 건강해졌나? (웃음)

Q 직원 인사에 대한 기준은 무엇입니까?

A 어느 위치에서나 잘 적응하는 사람이 최고다. 난 신입사원들에게 항상 입사 3년 후 부서 이동 시에 부서마다 서로 데려가려고 하는 사람이 되라고 말한다. 어느 곳에서든 적응력이 뛰어나야 좋은 인재라는 얘기다. CEO로서 직원들을 보면 '중뿔' 나게 잘난 사람 없다. 직장생활에서 가장 중요한 것은 신뢰다.

직장상사, 동료뿐만 아니라 모든 대인관계에 있어 약속을 지키는 것은 굉장히 중요하다. 예전에 영업 업무를 담당할 때였다. 한 번은 제품가격이 2.55달러인데, 타자를 잘못 쳐서 2.35달러로 문서를 보냈다. 그런데 실수로 문서가 잘못됐다고 연락하지 않았다. 우리가 실수한 건에 대해서는 2.35달러로 계산한 후 나중에 솔직히 실수를 말하고 다음부터 정상 가격으로 처리해달라고 했다. 제품 가격을 바꾸자고 하면 신뢰성에 손상이 생길까 봐 그랬다. 이후 그 거래처와는 장기 거래를 하게 됐다. 비즈니스 관점에서 보면, 길게 보고 장사를 해야 한다는 얘기다.

(영업사원 출신으로서 후배들에게 하고 싶은 말은) 난 영업사원들에게 어떤 회사에 가면 꼭 화장실을 보라고 한다. 청소 상태를 보라는 거다. 화장실이 깨끗하면 절대 부도가 안 난다. 장담한다. 직원들을 보면 크게 2가지 타입이 있다. 혼을 내면 기가 죽는 스타일이 있는데 이런 직원들은 칭찬을 해서 사기를 북돋워줘야 한다. 반대로 혼나면 오히려 더 잘하는 친구들도 있다. 더 잘해서 인정받아야겠다며 이를 가는 스타일이다. 참고로 난 후자 스타일이다.

Q   입사 후에 별다른 고생 없이 승승장구하셨나요?

A   (배 사장은 한바탕 크게 웃었다.) 처음부터 장난이 아니었다. 입사 후 처음으로 대구공장 현장으로 배치됐다. 2년 후 본사 기획부로 발령이 나서 갔더니 구미공장 프로젝트를 맡으라고 또 발령을 내더라. 공장 증설 기획이었다. 정말 주말도 없이 일했다.

1975년 말에는 뉴욕 지사를 설립한다고 해서 미국으로 갔다. 영어부터 배웠다. 미국 수출 기반을 다지느라 정말 고생 많이 했다. 사표 던지고 현지에 눌러 앉는 사람도 많았던 때다. 그때 나도 그냥 있었으면 미국에서 세탁소나 채소 가게를 운영하고 있었을 거다. (좌중 웃

음) 해외지사 근무 후에 귀국해서는 그야말로 적자 부서로만 배치됐
다. 입국해 발령 난 곳이 존폐의 기로에 서 있던 타이어코드 사업부
였으니 말이다. 당시 가동률이 50퍼센트도 안 됐다. 그런데 약 2년
후 흑자사업으로 만들어놨다. 이후 한 번도 적자를 낸 적이 없다. 지
금은 회사 매출액의 40퍼센트를 차지하고 있으니 격세지감을 느낄
정도다.

1992년에 원사 본부장으로 발령 났다가 1996년에 구미공장 노조
가 골치 아프다고 해서 그곳 공장장으로 내려갔다. 노조 문제 때문에
심각했다. 그러다가 1998년에 코오롱제약 겸 코오롱유화 사장으로
발령 났다. 당시 코오롱제약은 부도 직전이었다. 팔려고 해도 살 사람
이 없을 정도였다. 코오롱유화도 1
천600억 원 정도 매출을 유지하며
근근이 버티고 있는 상황이었다. 나
는 코오롱제약을 중환자 병실에서
일반 병동으로 나오게 해 퇴원시켜
야겠다는 생각을 했다. 2년쯤 후에
야 흑자로 돌아섰다. 지금은 이익률
이 그룹 내 최고일 거다. 코오롱유화
는 덩치를 키우는 쪽으로 신경 썼다.

(적자사업부를 흑자로 돌려놓은 비결에
대해 묻자) 상황마다 다르겠지만, 내
경우엔 항상 거래선이 문제였다. 가

령 타이어사업부의 경우 거래처가 금호타이어(당시 삼양타이어)밖에 없었다. 그 회사가 파업하면 우리까지 망할 판이었다. 안 되겠다는 생각에 미국의 굿이어를 뚫었다. 납품을 성사시켰더니 다른 업체들은 덩달아 납품이 성사되더라.

(사표 낼 생각을 해봤냐는 질문에) 한 번도 없었다. 사실 한 번 있었다. (웃음) 첫 임원 승진을 앞두고 이사에서 탈락한 후 잠깐 쇼크를 받은 적이 있었다. 당시 사장님을 찾아뵙고 따졌다. 나는 이사가 될 자격이 있다고 말이다. 다른 회사로 가겠다는 얘기도 꺼냈다. 당시 사장님은 "당신은 충분히 임원 될 능력이 있으니까 늦게 되면 오래 할 수 있어 좋다"는 얘기를 하더라. 참을 수밖에 없었다.

Q　CEO론과 존경하는 인물에 대해 말씀해주시지요.

A　CEO는 비전을 제시하고 인재를 육성할 줄 아는 사람이라야 한다. 그런 면에서 잭 웰치(미국 GE의 전 CEO)를 꼽고 싶다. 설명이 필요 없을 만큼 탁월한 안목과 실행력을 갖추고 있기 때문이다. CEO는 신뢰성에 기반한 리더십이 가장 중요하다. 그리고 결단력과 추진력이 있어야 한다. 물론 방향을 제시하고 인재를 부릴 줄 알아야 하지만……. 특히 내가 중요하게 생각하는 건 동기 부여다. 칭찬을 잊지 말아야 한다는 점이다. 장점을 드러내주고 칭찬을 하면 긍정적인 효과가 나오게 돼 있다.

(은퇴 후의 계획에 대해 묻자) 특별한 계획보다는 집사람하고 여행이나 실컷 다니고 싶다. 기회가 되면 Y담 책도 내고……. (웃음)

배 사장은 코오롱그룹의 소방수 CEO로 불린다. 탄탄한 입지를 다진 배 사장이 대표적인 장수 CEO에 오른 비결은 무엇일까.

"비결은 따로 없습니다. 대신 최선을 다했을 뿐입니다."

그의 '골프 인생론'을 들어보면 고개가 절로 끄덕여진다.

"골프를 칠 때, 공만 똑바로 보고 쳐야 공이 똑바로 나가지요. 목표 지점을 지나치게 의식해 목표만 쳐다보거나 다른 생각을 하면 생크(공이 클럽 샤프트의 목 부분에 맞는 미스 샷)가 나면서 공이 엉뚱한 방향으로 날아가게 마련입니다. 어프로치할 때도 핀(깃대)을 보고 치면 생크가 납니다. 너무 앞만 보고 목표에만 집착해 달리면 안 된다는 것이고, 지금의 순간에 최선을 다하라는 얘깁니다."

순간마다 공만 보면서 최선을 다해서 쳐야 자신이 원하는 곳으로 공을 보낼 수 있다는 말이다. 사안마다, 순간마다 최선을 다해 일을 처리하다 보면 기회도 오고 인정을 받게 된다는 것. 여기에 깔끔한 마무리까지 더하면 금상첨화라는 게 배 사장의 생각이다.

"마무리도 중요합니다. 골프 공을 칠 때마다 드라이브, 아이언 샷을 아무리 잘하면 뭐합니까. 퍼팅(그린에서 공을 홀에 넣기 위해 치는 것)이 중요하지요. 마무리가 잘 돼야 합니다. 어차피 홀 안에 공은 집어넣어야 하기 때문이지요. 세상사도 다 같은 이치가 아닐까요."

배영호 사장은 '메모광'이다. 수첩에는 각종 메모가 빽빽하게 적혀 있다. 수첩에는 사업 계획과 노하우 등의 아이디어로 가득하다. 배 사장이 가장 중요하게 여기는 것은 약속이다. "직장생활에서 가장 중요한 것은 신뢰입니다. 직장 상사, 동료뿐만 아니라 모든 대인 관계에 있어 약속을 지키는 것은 굉장히 중요하지요. 그래서 메모가 중요한 겁니다." 신뢰성을 생명처럼 여기는 배 사장은 거래처에 문제가 생기면 즉각 바꾸기보다는 상대에게 한두 번 시정을 요구하는 스타일이다. 시정을 요청했는데도 조치가 뒤따르지 않으면 그때 거래처를 바꿔도 늦지 않다는 것.

배 사장이 신뢰감의 중요성을 설명할 때마다 등장하는 게 바로 '꽃집 경영론'이다. 배 사장은 임원에 오르면서 회사에서 조화나 화환을 주문하는 꽃집의 수를 지정했다. 공장이든 본사든 모든 꽃을 한곳으로 정한 것. 이유는 간단하다. 가격과 서비스를 보장받기 위해서다. 이와 관련한 일화도 있다. 배 사장이 코오롱유화를 맡았을 때 지인 결혼식장에 신랑 측으로 꽃 배달을 주문한 적이 있었다. 그런데 신랑 측에 갔더니 꽃이 없었다. 이유는 꽃집에서 리본에 '화혼'으로 표시해 신부 측으로 배달했기 때문이다. "처음엔 그 꽃집에 한두 번 설명을 해줬다. 결혼은 신랑 측이고 화혼은 신부 측을 뜻한다고. 그런데 같은 실수가 반복되더군요. 그래서 옆에 있는 꽃집으로 거래처를 바꿨습니다." 꽃 배달과 주문 과정에서도 서로의 신뢰성이 필요하다는 소박한 '꽃집 경영론'이다. 꽃 배달에서도 신뢰성이 생명인데 중소기업이나 대기업에서 신뢰성의 중요함은 말할 필요도 없다는 게 배 사장의 지론이다.

배영호 사장이 코오롱에 입사했던 때는 1970년이다. 40여 년에 가까운 긴 시간 동안 코오롱맨으로서 그가 맡았던 업무는 좌초 직전의 사업부나 계열사였다. 물론 배 사장의 손을 거쳐 정상화됐다. 따라서 코오롱 '구원투수'였던 그에 대한 일화도 많다.

엔지니어 출신인 배 사장이 5년간의 뉴욕지사 생활을 마치고 돌아와 맡은 일은 타이어코드 부장이었다. 당시 전체 물량의 70퍼센트를 금호타이어에 의존하고 있던 상황이라 금호타이어가 거래를 줄이면 사업부는 휘청거릴 정도였다. 그는 이때 손쉽게 뚫을 수 있는 동남아 거래선 대신 세계 최고의 타이어 회사인 미국 '굿이어Goodyear'를 공략하는 정공법을 택했다. 결국 1년여에 걸친 끈질긴 설득의 결과 납품 허락을 받아냈고, 굿이어 납품업체라는 인지도를 바탕으로 승승장구할 수 있었다. 타이어코드 부문에서 경쟁관계에 있는 효성의 형제회사인 한국타이어에 납품을 성사한 것도 이때부터다. 타이어코드 사업은 배 사장이 손을 댄 지 1년 만에 흑자로 돌아섰다.

1992년에는 섬유경기 하락으로 고전하던 원사사업본부장을 맡았다. 1996년에는 노사문제로 홍역을 앓던 구미공장장으로, 이어 1998년 11월에는 코오롱유화와 코오롱제약의 대표이사를 한꺼번에 맡는 등 궂은일은 모두 그의 차지였다.

적자회사였던 제약회사 대표로 부임하자마자 그는 300여 명의 전 직원에게 1인당 100만 원의 격려금을 지급했다. 직원 사기부터 올려놓고, 발로 뛰는 영업망을 점검하자는 배 사장의 '역발상'은 거짓말처럼 먹혀들었다. 코오롱제약은 배 사장의 취임 후 1년여 만에 흑자회사로 전환됐다. 코오롱유화도 그의 재임기간 동안 매출이 두 배 이상 늘었고, 수익구조가 개선된 '알짜배기' 회사로 변했다.

그는 코오롱 대표를 맡은 직후에 노조의 '항구적 무분규' 선언을 이끌어내는 등 리더십을 발휘했다. 취임 후 공장 노조를 수시로 찾아가 신뢰관계부터 쌓은 결과인 것이다.

'최씨 고집'
드라마의 주인공

_ 최수부 광동제약 회장

최수부 회장의 이력서에는 고향이 대구 달성군으로 나와 있다. 그러나 실제 출생지는 일본 규슈 지방의 후쿠오카 시다. 부친이 일본에서 해방 직후까지 사업가로 활동했기 때문이다. 최 회장은 1934년 5남 2녀 가운데 둘째아들로 태어났다. 수부(秀夫, 히데오)는 당시 부친이 지어 호적에 올린 일본식 이름이다. 1960년 군 복무를 마친 후 제약회사 영업사원으로 취직했다. 3년 연속 판매왕에 오르면서 큰돈을 모아 1963년 광동제약을 창업했다. 변비약 '쾌장환' 과 부인병 치료제 '비너스환' 에 이어 '우황청심원' '쌍화탕' 등이 잇따라 성공하면서 제약업계 유망 CEO로 부각됐다. 2001년에는 회사 역대 최고 히트 상품인 '비타500' 을 선보여 광동제약을 10대 제약사로 발돋움시켰다.

욕심이 있다면 건강이 허락하는 한
계속 일을 하고 싶다. 마지막 순간까지
소비자를 위해 좋은 약재를 고르고 싶다!

최수부 회장은 제약업계의 수많은 창업자들 가운데에서도 특히나 고생을 많이 한 전형적인 자수성가형 기업인이다. 기자들과 초저녁 서울 중림동에 있는 허름한 식당에서 가진 'CEO와의 노변정담'에서 그가 풀어낸 이야기보따리는 장편 드라마를 방불케 했다.

일제시대 자신을 '조센징'이라 놀리던 일본 소학교 반 아이들을 때려눕힌 이야기는 한 편의 '성장 드라마'였다. 또한 1980년대 서슬 퍼렇던 전두환 대통령 시절에 권력 실세와 멱살잡이를 한 일화는 '무협 드라마'에 가까웠다. 평소 어눌한 말투가 콤플렉스 가운데 하나라는 최 회장은 3시간 여에 걸친 대화 내내 어느 달변가 못지않은 말솜씨를 자랑했다.

Q   건강관리는 어떻게 하고 계십니까?

A   내 얼굴은 보다시피 피부가 고운 편이다. 또 근육이 좋아 이발소 가서 안마 받으면 무슨 운동하냐고 물어본다. (최 회장은 자신의 팔뚝을 한번 만져보라며 기자들에게 내밀었다.) 요즘도 특별한 점심약속이 없으면 헬스장에 가서 1시간 정도 운동을 한다. 그리고 주말에는 골프를 친다. 그런데 운동신경이 둔해서인지 잘 못 친다. 구력은 30년

이 넘는데 79타 싱글 스코어는 딱 두 번 해봤다. 지금까지 홀인원은 한 번도 못해봤고 이글조차도 한 적 없다. 올해는 꼭 홀인원을 한 번 하고 싶은데……. 건강철학이 '99 88 234'이다. 무슨 뜻인고 하니 아흔아홉(99) 살까지 팔팔(88)하게 살다가 이틀(2)만 앓고 사흘째(3)되는 날 사망(4)하는 거다. (좌중 웃음)

건강유지를 위해서는 먹는 것이 중요하다. 왜 일반적으로 성공한 사람들은 '먹성'이 좋다는 얘기도 있잖은가. 물론 과학적으로 검증된 건 아니지만. 기업하는 분들도 보면 체력이나 식욕이 강하다. 나도 그렇다. 한창 때는 한 끼에 3인분을 항상 먹었다. 그러다 보니 하루에 화장실도 꼭 세 번씩 갔다. (웃음) 다만 보신탕은 안 먹는다. 불교 집안에서 자란 영향도 있고, 몸에 좋다는 것도 특별히 못 느끼기 때문이다.

(한 달에 용돈은 얼마나 쓰냐는 질문에) 용돈은 얼마 안 쓴다. 그래도 품위 유지하는 데 돈을 좀 쓰는 편이다. 친구들과 만나 술 마시다 보면 나보다 실력도 있고 먼저 돈을 낼 만한 사람도 가끔 있는데 내가 먼저 돈을 내고 싶어진다. (최 회장은 지갑을 열어 보여줬다. 지갑 속에는 10만 원짜리 수표 10장과 1만 원짜리 지폐 20장 정도 있었다.) 옛날에는 100만 원짜리 수표도 넣고 다녔다. 그런데 한 번은 술에 취해 기분이 좋아 연주자에게 10만 원짜리 수표로 팁을 준다는 게 그만 100만 원짜리를 줘버린 게 아닌가. 나중에 얘기해도 시치미를 떼더라. 그 뒤론 100만 원짜리는 넣고 다니지 않는다. 아마 나처럼 술 좋아하는 사람들은 비슷한 실수를 한두 번쯤 한 적 있을 게다.

Q 제약업계 오너들 가운데 유독 고생을 많이 하셨다고 들었습니다.

A (본격적인 질문이 시작되자 최 회장은 "가만, 얘기를 제대로 하려면 맨정신으론 안 되지"라며 맥주와 소주를 섞은 폭탄주를 제조해 돌리기 시작했다. 그는 "술이 모자라면 정 없어서 안 된다"며 매번 잔이 넘치도록 채운 폭탄주로 기자들을 괴롭혔다.)

부모님 두 분 모두 일제시대 때 어린 나이에 돈 벌러 일본으로 건너갔다. 그곳에서 만나 결혼한 뒤 날 낳으셨다. 태어났을 때는 부친의 사업이 번창해 제법 부유했다. 그런데 학교에서는 부모님의 위세가 전혀 안 통하더라. 일본인 친구들에게 나는 '조센징'에 지나지 않았던 게다. 학교에 다니는 동안 엄청나게 '이지메(집단 따돌림)'를 당했다. 3학년에 올라가자 반 아이들이 우리 부모님까지 '조센징'이라고 놀려대기 시작했다. 2년 넘게 참아오던 분노가 마침내 폭발하고야 말았다. 당시 부친께서 운영하던 공장 공터에서 종업원들이 검도

를 하곤 했는데 거기서 소가죽으로 만든 단단한 검도 호신 도구를 주워 얇게 갈아 가방에 넣었다. 결전의 순간은 금방 왔다. 다음 날 학교로 가니 대여섯 명이 시비를 걸어왔다. 미리 준비해간 '비장의 무기'를 꺼내 닥치는 대로 때렸다. 불과 몇 분 사이에 아이들은 하나둘 피투성이가 돼 쓰러졌다. 물론 나는 그날로 퇴학당했다.

해방이 되고 1946년 한국으로 와 대구 달성 근처 화원소학교라는 곳에 3학년으로 편입했다. 그런데 이번에는 아이들이 나더러 '쪽발이'라고 놀리며 괴롭히는 게 아닌가. 그때 내가 한국말을 제대로 할 줄 몰랐기 때문이다. 봄방학을 마치고 방학 중에 있었던 일을 발표하는 시간이었는데 내가 '지는 어무이 따라 친정에 가서 보리타작을 도왔심니더'라고 더듬거리며 얘기했더니 교실 안이 온통 웃음바다가 돼버렸다. 담임선생님께서 웃으시며 '수부야, 친정은 시집간 여자한테나 있는 거지, 너한테는 친정이 아니라 외갓집이야'라고 고쳐 주시더라.

한국에 온 뒤 사업을 준비하던 부친께서는 사기를 당해 가진 돈을 다 날린 뒤 아무 일도 하지 않았다. 가세가 급속히 기울었고, 급기야 다섯 살 난 막내동생은 폐렴으로 죽고 말았다. 당시 열두 살밖에 안 됐지만 어떻게든 가족들을 먹여 살려야겠다는 생각이 들더라. 그래서 다니던 학교도 때려쳤다. 시쳇말로 아홉 식구 생계를 책임지기 위해 도둑질 말고는 안 해본 일이 없었다. 처음에는 지게에다 땔감을 져다 팔았다. 밑천 한 푼 없는 상태에서 할 수 있는 일이라곤 그것밖에 없더라. 그 후론 돈 되는 건 뭐든 만들어 팔아봤다. 엿을 만들어 팔기도 했고, 담배를 말아서 팔기도 했고, 찐빵을 만들어 팔기도 했다.

한 번은 이런 적도 있었다. 땔감을 지게로 팔던 시절이었는데, 그 전날 쌓인 피로 때문에 시체처럼 엎드려 자다가 아침에 자리에서 일어나려고 하는데 어쩐 일인지 뺨이 바닥에 붙어 꿈쩍도 안 하는 거다. 마치 귀신에 홀린 것 같았다. 알고 보니 밤새 흘린 코피가 얼어붙으면서 내 오른쪽 뺨 전체가 장판에 붙은 거였다. 어머니께서 부랴부랴 물을 데워 20~30분간 녹인 후에야 일어날 수 있었다. 그때 거울을 보니 사람 얼굴이 아니다 싶었다. 형편이 좀 나은 집안에서 자랐다면 내 기질로 볼 때 아마 사법고시에 합격해 진짜 정의로운 법관이 됐을 것 같다. 아, 그리고 나 정도의 배짱이면 건설업을 해도 좋았을 것 같다.

Q　　어떤 계기로 제약업과 인연을 맺게 되었나요?

A　　1960년 봄쯤 누가 동생에게 취직자리를 구해주는 대가로 얼마간의 경비를 요구했다. 취직하기가 하늘에 별 따기인 시절이라 있는 돈, 없는 돈 다 끌어다 마련해줬다. 며칠 후 그 사람은 제약회사 외판원 자리를 들고 나타났다. 그런데 선천적으로 수줍음이 많은 동생은 고민 끝에 거절하더라. 그래서 내가 그 회사에 취직하겠다고 했다. 취직 알선비로 나간 돈이 아깝기도 했지만, 본인만 부지런히 다니면서 약을 팔면 수당도 많이 받을 수 있다는 말에 귀가 솔깃했다.

외판원 시절에는 내가 우리 회사 판매왕이었다. 다른 모든 사원들 수당을 합친 것보다 내가 더 많은 수당을 받았다. 입사한 지 몇 달 만에 지금으로 치면 월 소득 1천만 원이 넘는 고소득자가 된 거다. 어렸을 때부터 장사로 잔뼈가 굵어서 그런지 물건을 파는 게 두렵지 않았다. 굳이 장사꾼 기질을 타고났냐면 잘 모르겠다. 아마 배고픔 때문에 후천적으로 장사꾼 기질이 생기지 않았나 싶다. 그러나 돈은 잘 벌었지만 잘 쓰지는 못했다. 동생이 서울대학교에 입학한 이후 동생의 교복을 입고 출근하는 날이 많았다. 서울대생 행세를 하고 싶었던 건 아니고 당시에는 교복을 입고 다니면 일반 버스비의 절반밖에 안 되는 돈으로 회수권을 이용할 수 있었기 때문이다. 담배는 주머니에 두 갑을 넣고 다녔다. 당시 제일 싸구려 담배였던 '파랑새'는 내가 피울 거였고, 최고급 담배였던 '아리랑'은 접대용이었다.

(에피소드 한 토막을 묻자) 외판원을 하던 어느 날 다소 엉뚱한 생각이 들었다. 약을 팔려면 돈 많은 곳에 가야 하는데, 사람들한테 우리나라에서 돈이 제일 많은 곳이 어디냐고 물었더니 재무부 이재국이라고 하는 거다. 재무부 이재국장이면 그야말로 막강한 자리 아닌가. 그날로 재무부 이재국장 방을 찾아갔다. "좋은 약이 있어 국장님께 소개해드릴라꼬 왔심니더"라고 했더니 국장의 얼굴이 일그러지는 거다. 그러더니 비서를 불러 "어디 감히 약장수 따위를 내 방에 들여보내" 하며 호통을 치더라. 그날 밤 한숨도 못 잤다. 온갖 고생을 다 했지만 그런 수모는 처음이었기 때문이다. 고민 끝에 다음 날 다시 이재국장을 찾아가 "국장님처럼 존경받는 분이 사람을 면전에 두고 무시할 수 있느냐"고 따졌다. 그랬더니 그 국장이 정중히 사과를 하더라. 약도 무려 열여섯 개나 사주더라. 그런데 이건 약과다.

한 번은 상임위원회가 열리고 있는 국회 회의실을 찾아가 휴식시간을 틈타 홍보 전단지를 돌린 적도 있다. 그걸 본 국회의원들은 하도 어이가 없어 화를 내지도 않았다. 당시 상임위원장을 맡고 있던 의원은 "내 의원생활 십수 년 동안 국회 회의실에 물건 팔러 들어온 사람은 당신이 처음이오"라고 하더라.

Q 광동제약을 세운 동기는 무엇입니까?

A 사실 회사를 세운다는 게 참 어려운 일인데 동기는 아주 간단했다. 남이 만든 약을 팔기만 하는 것보다 직접 만들어 파는 게 더 많은 돈을 벌 수 있을 것 같았다. 한때 제약회사 허가가 취소된 적도 있었다. 1965년에 관리 약사가 바뀌는 바람에 약사 명의를 변경해야 했다. 약사 명의가 정확히 돼 있지 않으면 제약 사업 자체를 할 수 없었기 때문에 무척 중요한 일이었다. 당시 총무부장한테 3만 원을 주면서 그 일을 맡겼다. 그런데 몇 달 후 보건사회부(현 보건복지부)에서 관리 약사가 없으니 회사 허가를 취소한다는 통보가 왔다. 날벼락 같은 소식이었다. 나중에 총무부장을 추궁했더니 자기가 사귀던 술집 아가씨가 임신을 해서 낙태 수술을 하는 데 돈을 썼다고 하더라. 광동제약 40년 역사상 최초의 무면허 사태가 한 술집 아가씨의 임신에서 비롯된 셈이다.

잘 모르는 사람들도 있지만 감옥에 갔다 온 적도 있다. 1977년 당시 야당 국회의원 보좌관을 하던 양반이 광동제약의 대리점을 하나 내달라고 하기에 그렇게 해줬다. 그런데 이 사람이 약품 구입 대금을 한 번도 입금시키지 않아 약품 공급을 중단했더니 자신이 모시던 국회의원에게 광동제약을 음해하는 온갖 거짓 정보를 줬다. 그 의원이 임시국회에서 광동제약이 약사법을 위반하고 탈세까지 하고 있다고 폭로했다. 얼마 후 법원에서 영장이 발부됐고, 서대문형무소에 수감됐다. 다행히 고등법원에서 1심을 뒤집고 무죄를 선고하는 바람에 풀려났다. 웃긴 건 그 후 몇 년 뒤인 1981년 광동제약은 국세청장으로부터 모범 납세자 표창을 받았다는 거다. 탈세혐의자로 몰렸다가 모범납세자 상을 받았으니 참 코미디 같은 일이다.

Q 최수부 회장 하면 '최씨 고집'을 떠올립니다. 그런 의미에서 본다면 광동제약의 히트상품 '비타 500'은 외도를 한 것이 되나요?

A (잠시 머뭇거리다) 제조업은 한쪽으로만 해서는 리스크가 너무 많다. 적당하게 리스크를 분산시킬 수 있는 다양한 제품을 가지고 있어야 한다. 비타500을 만든 것도 그런 이유라고 보면 된다. 비타500을 히트 상품으로 키워야겠다는 야심이 있었기 때문에 비나 이효리 같은 톱 모델을 썼다. 그래서 7억 원 주고 비와 계약을 했다. 솔직히 그때만 해

도 비가 지금처럼 대스타는 아니었고 광동제약도 그랬다. 나중에 들으니 비가 어디 가면 사람들이 비타500이라고 부른다고 하더라.

(살면서 학력 콤플렉스는 못 느꼈냐는 질문에) 콤플렉스 같은 건 없었다. 그러니깐 사람들한테 다 공개했지. 내 동생이 서울대를 나와 행시에 합격했는데 둘이서 가끔 '인생'에 대해 얘기하다 보면 '넌 유치원생이다'고 내가 충고할 정도는 된다.

최수부 회장의 '최씨 고집'은 제약업계에 소문이 자자하다. 박카스의 '드링크 시장 41년 1위 신화'를 무너뜨린 '비타500' 탄생 배경에도 그의 최씨 고집이 자리하고 있다. 최 회장은 비타500 개발 당시 회사 연구팀에 첫맛과 끝맛, 목 넘김과 마시고 난 후의 잔존감까지 완벽한 제품을 주문했다. 시제품들이 그 기준에 미치지 못하자 무려 50번이나 퇴짜를 놨다. 최씨 고집은 소비자들의 까다로운 혀를 사로잡았다. 2001년 첫선을 보인 비타500은 4년 만인 2005년 매출 1천억 원대의 슈퍼 히트 상품으로 성장했다.

그의 고집은 갖가지 무용담을 낳았다. 1985년 정부 모 기관장과의 '백주대낮 결투'가 그 예다. 당시 권력 실세였던 그 기관장은 관세청에 "광동제약이 자사 편자환에 중국 인삼을 넣어 외화를 낭비하고 있다"며 광동제약의 중국 인삼 수입을 금지시키라는 압력을 넣었다. 관세청이 그의 말에 따라 수입금지 조치를 내리자 최씨 고집에 발동이 걸렸다. 최 회장은 즉시 기관장의 사무실로 찾아가 얼굴을 맞대고 항의했다. 몇 차례 고성이 오간 끝에 둘은 멱살을 붙잡으며 주먹질 직전 상황까지 치달았다. "사무실을 나오면서 '회사가 공중분해되겠구나' 하는 생각이 들었습니다. 그러나 다행히 아무 일도 일어나지 않았고 중국 인삼도 그대로 수입되었지요. 만약 보복 조치가 내려지면 저도 신문사에 억울한 사연을 폭로하려고 했습니다."

물론 그의 고집이 성공 가도만을 달린 것은 아니다. 지난 IMF사태 당시 1차 부도를 촉발시킨 계기가 됐던 조선무약과의 '쌍화탕 전쟁'은 최씨 고집의 대표적인 실패 사례로 꼽힌다. 1975년 이후 줄곧 광동제약이 1위를 달려온 쌍화탕 시장에 조선무약이 1985년 신제품을 내놓은 것이 발단이었다. 이에 최 회장은 자사 제품의 가격을 내리는 전략으로 맞섰다. 조선무약 역시 가격을 내리면서 맞불작전을 펼쳤다. 양측은 나중에는 제품원가보다도 낮은 가격에 제품을 내놓기 시작했다. 한 달 손실액만 7억~8억 원에 이르는 말 그대로 출혈경쟁이 이어졌다. 이러한 싸움은 1997년까지 12년간 계속됐다. 결국 IMF 사태가 터지면서 조선무약이 먼저 부도를 맞았고 광동제약도 1998년 1차 부도를 맞으면서 양측의 경쟁은 끝났다. 그의 최씨 고집은 여전하다.

최수부 회장은 1960년 군 복무를 마친 후 제약회사 영업사원으로 사회생활을 시작했다. 영업사원으로 일하면서 한약재의 신비한 효과에 심취되어 한방요법을 대중화시키기 위해 1963년에 광동제약을 설립했다. 그는 광동제약의 창업정신에 '한방의 과학화'를 명시해 전 사원들이 이를 실천하도록 해왔다. 이어 1987년 중앙연구소 설립, 1992년 한방생약 전문공장 건설 등을 통해 한방생약의 과학적 관리를 위해 힘써왔다. 광동제약의 히트상품인 '우황청심환', '쌍화탕' 등은 이 같은 노력의 결과로 탄생한 제품들이다.

최 회장은 한방과 양방의 협력체제를 구축하기 위해 1994년에는 광동한방병원을 설립하기도 했다. 이러한 공로를 인정받아 1996년에는 국민훈장목련장을 수상하기도 했다.

광동제약은 외환위기를 전후해 우황청심환 시장을 놓고 조선무약과 벌인 출혈 경쟁 때문에 한때 부도의 아픔을 겪기도 했다. 그러나 2000년 들어 마시는 비타민 C '비타500'과 '옥수수수염차' 등을 출시해 잇달아 히트시키면서 재기의 발판을 마련했다.

최 회장은 회사가 다시 정상궤도에 진입하자 사회공헌 활동도 확대하기 시작했다. 2004년에는 대한적십지시를 통해 북한동포에게 7억 원에 가까운 의약품을 전달했으며, 2005년부터는 임직원이 낸 금액과 회사에서 추가로 동일한 금액을 적립하여 독거노인들에게 무료 급식을 제공하는 '사회기부 프로그램'도 진행하고 있다.

과자를 사랑한 오뚝이

_윤영달 크라운 해태제과 회장

윤영달 회장은 1945년 서울에서 태어나 서울고와 연세대 물리학과를 다녔다. 잘 알려진 대로 2세 경영인. 그러나 CEO로서의 그의 항로는 선대에서 일궈놓은 다져진 기반 위에 운전대만 물려받은 다른 2세 경영인들과는 사뭇 달랐다. 25세 때인 1971년 크라운제과에 입사, 당시 도매상을 통해 소매상과의 거래가 이뤄지던 유통시스템을 소매상과의 직접 거래형태로 전환했다. 1980년대 초 크라운제과를 떠나 인천에서 제과 포장기계를 생산하는 한국자동기계를 차려 독립하기도 했다. 그러나 15년여의 '외도' 는 큰 재미를 보지 못한 채 1995년 선친의 부름으로 막을 내렸다. 크라운의 구원투수로 등판한 그는 1998년 부도를 맞았으나 화의 절차를 성공적으로 밟아 회생시키는 저력을 보였다. 2005년 1월엔 해태제과를 인수, 다윗이 골리앗을 안았다는 평가를 받았다.

무서운 것이 재미있다는 말이 있다.
도전과 재미는 일맥상통하는 법이다!

윤영달 회장은 "회사 부도 내고 한강에 뛰어들 뻔한 못난 사람"이라고 자신을 소개하면서 말문을 열었다. 15여 년간 외도를 청산하고 1995년 크라운제과의 '구원투수'로 나선 지 3년 만에 부도를 냈던 일에 대한 자평이다. 그러나 윤 회장은 오뚝이처럼 일어나 크라운의 몸집에 비하면 거인이나 다름없던 해태제과를 품에 안는 기적을 이뤄냈다. 불가능할 것 같았던 일을 현실로 바꾼 힘은 무엇이었을까. 술잔과 함께 풀어낸 그의 이야기보따리 속엔 젊은이 뺨치는 뜨거운 열정과 미래에 대한 꿈, 도전 정신이 넘쳐났다. 말끝마다 터지곤 하는 큰 웃음은 듣는 이를 끌어당기는 마력을 지녔고, 천일야화처럼 끝없이 쏟아내는 아이디어들은 둘러앉은 주반들의 입을 다물지 못하게 만들었다. 서울 남영동 해태제과 사옥 근처의 한 고깃집에서 기자들과 소주잔을 주고받으며 네 시간 반에 걸쳐 들려준 그의 이야기는 아무리 자주 들어도 물리지 않는 오페라 아리아를 듣는 느낌이었다(윤 회장은 오페라가 종합예술이어서 감성을 자극하는 데 그만이라는 소신을 갖고 있다).

Q　뭐든 시작하면 끝을 본다고 들었습니다. 혹시 술도 두주불사형이신가요?

A　옛날에야 '술은 마셔 없애자'는 주의였다. 직원들이랑 산에

올라가면 꼭 '정상주'를 마시는데 이게 또 제맛이다. 산에 올라가면 오감이 다 열리기 때문이다. 막걸리도 좋지만 향으로 치면 코냑이 제일 좋다. 직원용으로 나눠준 잔에 한 잔씩 먹는데 한 병이면 40~50명 정도는 나눠 먹을 수 있다. 그런데 이거 오늘은 어쩌나. 어제 치과에 가서 임플란트 치료를 해서 오늘은 마시지 못하겠다.

옛날 얘기 하나 하겠다. 30대 초반 인천에서 과자포장기계 만드는 공장을 직접 차려서 독립했을 당시 기술자들이 내 속을 너무 썩였다. 내가 기술에 문외한이라 당할 수밖에 없었는데, 안 되겠다 싶어 관련 서적을 사들여 독학을 했다. 열 권쯤 읽으니 기계에 대해서 대충 알겠더라. 직접 기름장갑 끼고 작동해보니 별것 아니더라. 그때부터 직원들을 부릴 수 있게 됐다.

난 등산할 때도 같은 산을 세 차례 오르내리는 것을 좋아한다. 크라운제과가 부도 위기에 몰린 뒤 골프채를 놓고 등산을 시작하게 됐다. 그런데 한 봉우리에 오르고 봉우리에 두 번째 올라도 성에 안 차더라. 지리산은 하루에 천 몇백 미터씩 올라가는데 작은 산에서는 그게 안 되지 않은가. 서울 근교의 산에서 지리산 등반만큼의 운동량을 채우기 위해 생각해낸 게 같은 산을 서너 차례 반복해서 오르는 것이었다. 계속 올라가는 것보다 올라갔다 내려갔다 하는 것이 더 좋다. 물론 그렇게 하면 지루하다. 그러나 끈기와 마음의 힘, 심력으로 하면 가능하다. 1년에 네 차례는 사봉을 한다. 그래야 삼봉의 즐거움을 알게 된다. 사봉을 하다 삼봉을 하면 만족감이 다르다.

아이디어도 이때 많이 나온다. 다른 사람들이 무심코 툭툭 던지는 얘기를 조금 바꿔서 내 것으로 만들기도 한다. 예컨대 등산할 때, 탁 트인 곳에 있으니까 직급에 관계없이 자연스럽게 좋은 얘기들이 많이 나온다. 진정한 아이디어란 사방으로 흩어지는 말 속에서 나오는 것이지, 골방에서 쥐어짠다고 쉽게 나오는 것이 아니다. 간혹 황당한 얘기들 가운데서 아이디어를 건져내기도 한다.

애창곡도 피나는 노력 끝에 터득했다. 노래방 기계가 처음 나왔을 때 친구 집에서 〈봄이 오면〉을 부른 적이 있는데, 어느 순간 모두 사라졌다. 다들 딴방에서 웃고 있더라. 사람들이 음정 박자 다 무시한다고 놀려대더라. 그래서 노래를 배우기로 작심했다.

당시 노래꾼들 사이에선 〈허공〉이 가장 어려운 노래로 통했는데, 1절만 녹음해서 귀에 꽂고 하루 종일 돌아다녔다. 3주 정도 하니까 어느 정도 노래를 하겠더라. 그러나 원곡과 내가 부른 걸 비교해서 들어보니 형편없었다. 그래서 석 달을 더 연습했다. 웬만큼 되기에 다른 노래를 비슷한 방법으로 배워나갔다. 한 달에 한 곡씩 마스터한 후 친구들만 만나면 노래방에 갔다. 크라운에 와서도 직원들한테 노래시켜서 다들 고생을 했다. 그때 고생해서 배운 〈허공〉, 〈친구여〉 등이 나의 대표적인 애창곡이다.

Q 해태제과 인수를 두고 다윗이 골리앗을 집어삼켰다고 합니다. 그 과정이 험난하셨을 텐데요.

A 1998년 정월 초였다. 회사를 떠나 있다가 1995년에 선친께

서 부르셔서 돌아온 지 3년이 조금 안 된 시점이었는데, 단돈 2억 원을 못 막아서 최종 부도 처리됐다. 처음 회사로 돌아와 자금 사정을 보니 단기 채무가 너무 많았다. 대부분 자금을 장기자금으로 돌려놨는데 외환위기를 맞으면서 보험회사 등에서 연장을 해주지 않았기 때문이다.

1월 8일에 돌아온 110억 원가량의 어음은 선친의 개인 돈을 털어서 간신히 막았다. 하지만 16일에 돌아온 2억 원은 도저히 안 되겠더라. 꼼짝없이 부도 맞을 수밖에. 자동차 운전에 비유하자면 내가 미숙했다. 안개가 좀 꼈다고 가로수를 그냥 들이박아버린 거였다.

사채업자들이 집으로 찾아와 협박을 일삼았다. 하지만 배에 힘 팍 주고 당당하게 대처했다. 나를 살려서 받을 것인지, 이 자리에서 죽이고 돈을 날릴 것인지 택하라고 도리어 윽박질렀다. 내가 도망갈 사람이 아니라는 것을 알고는 다들 조용해지더라. 지금도 다행이라고 생각하는 건 그때 직원들에게 밀린 봉급 주고 회사 문 닫자는 주장을 따르지 않은 거였다. 만일 그렇게 했다면 지금의 나와 회사가 있을 수 없었으리라.

채권단에서도 내가 사기 치고 빼돌린 게 아니란 걸 알았다. (경영권이 유지되는) 사적 화의로 갈 수 있었던 것도 주변에서 그런 스토리를 알았기 때문이다. (화의가 시작된 뒤) 안개가 걷히고 난 다음에 보니 차도 멀쩡하고 승객도 괜찮더라. 충분히 해볼 만하다는 자신감을 되찾을 수 있었다.

화의 상태로 꽤 오랫동안 있으니까 크라운제과의 능력이 없다고 많은 사람들이 생각했는데 사실 돈 갚을 능력은 진작에 생겼다. 2004년 해태제과 인수 신청서를 넣을 당시에 M&A(인수합병) 중개업자들이 화의기업이라고 자료도 잘 안 주더라. 안 되겠다 싶어 2주 만에 화의 종결하고 증명서를 보여줬다.

해태제과를 인수한다고 했더니 부하 직원들이 웃었다. 그때 해태는 크라운 매출의 두 배가 넘었다(2004년 해태제과 매출은 6천187억 원, 크라운제과는 2천897억 원이었다). 자료 좀 얻어오라고 했더니 '그러다 해태제과 안고 쓰러진다, 환자 입장은 전혀 고려하지 않는다'는 등 반대가 심했다. 나는 직원들을 설득했다. "예전에야 큰 회사가 작은 회사를 먹었지만 지금은 빠른 회사가 느린 회사를 먹는 시대다"라고 강조했더니 다들 나를 믿고 따라와줬다.

그래서 군인공제회를 찾아갔다. "해태제과가 민족회사 아니냐. 그런데 지금 외국인들이 경영하고 있다. 내가 찾아오겠다"고 말했더니 공제회도 심정적으로 동조를 해주더라. 그때부턴 우리 실력을 보여줘야 했는데 대한제분 등 협력회사들에게 십시일반으로 도와달라고 사정 반 압력 반으로 부탁했다. 그 돈에다 회사채 250억 원을 발행하고, 공제회 돈 지원받아서 해태제과를 사게 된 것이다(크라운컨소시엄의 해태제과 인수 최종 금액은 5천억 원대). 하려고 마음먹으니까 안 되는 게 없더라. (웃음)

Q 　선친에게서 회사를 물려받기 전에 방황도 하셨다고 들었습니다.

A　　원래 어릴 적 꿈은 자전거포를 여는 것이었다. 나는 어렸을 때부터 기계에 관심이 많았다. 그래서 뒷날 기계회사를 차렸는지도 모른다.

연세대학교에 입학하긴 했는데 졸업장은 없다. 3학년 무렵에 미국으로 유학을 갔다. 귀국하고 25세 되던 해에 중매로 지금의 아내를 만나고 바로 결혼했다(부인은 이화여대 경영학과 2학년 때). 크라운제과에 이때 입사했고…….

선친께서 날 많이 믿어주셨다. 내가 아이디어를 많이 냈기 때문이다. 특히 기억나는 건 도매상 체계를 없앤 것이다. 어느 날 방산시장에 갔는데 한 도매상이 '크라운 산도'를 찾는 소매상들에게 경쟁회사 제품을 권하는 거다. 열 받았다. 때마침 코카콜라가 자동차에 제품을 싣고 '루트 세일'이란 걸 하고 있었는데 그게 눈에 들어오더라.

대학 졸업생 몇 명을 뽑아서 전주로 내려갔다. 전주는 실험하기 좋

은 독립상권이었다. 창도 닦고 짐도 날라주고 무조건 소매상이 원하는 것은 다 해줬더니 조금씩 반응이 오더라. 전주에서 노하우를 얻어 서울에서도 직판체제를 갖추기 시작했다. 1976년에 상장을 한 것도 루트 세일을 위해서는 돈이 많이 필요했기 때문이다.

그때의 영업체계가 지금까지 이어져오는 거다. 직영으로 바꾸면서 도매상이 사라졌다. 우리가 시스템을 바꾼 덕분에 외국 과자가 함부로 들어올 수 없었던 거다. 입사할 때만 해도 회사 매출이 20억 원쯤 이었는데 상장 이후에 100억 원대로 성장했다. 그때 해태제과는 2천억 원대 매출의 회사였다.

그러다 문득 크라운제과를 나가게 됐다. 25년 전에 나가서 10년 전에 들어왔다. 15년 동안 방황한 거다. 6남매 가운데 선친께서는 남동생들과 경영을 해보고 싶어하시더라. 그래서 인천에다 자동포장기계 공장을 차렸다. 내가 원래 기계를 좋아해서 직접 개발한 것도 꽤 있었는데 그게 아까웠다. 한다고 했는데 잘 안 됐다. 나중에 자동차 부품 공장도 해보고 주물 공장도 했다. 그러다가 1995년에 아버지가 부르셔서 회사로 복귀했다. 인천 공장은 다 처분했다.

인천 시절엔 하도 어려워서 목 매달 생각도 해보고, 한강 다리에도 몇 번 올라갔다. 한때는 '종으로라도 나를 팔면 얼마나 받을까' 하는 생각을 했을 정도다.

Q 어렵게 키운 회사다 보니 신경을 더 많이 쓰셨겠지요?

A 사라진 꿈을 되찾는 게 가장 시급했다. 예전에 과자는 곧 꿈

이었다. 그런데 지금은 그게 사라졌다. 기업들의 노력이 부족했던 탓이 크다고 생각한다. 과자는 기호 상품이니까 '맛있게만 만들면 안 먹고 배기냐'는 배짱으로 과자를 팔았기 때문이다.

감성 경영론이란 지론도 이때부터 나왔다. 먼저 회사에 문화를 심어야겠다고 마음먹었다. 매주 산 정상에서 시를 읊고 유머 한 가지씩 돌아가면서 얘기하는 것도 이런 이유에서다. 특히 유머는 스트레스 많은 점주를 만날 때 영업사원들이 지녀야 할 필수사항이다. 재미 많이 봤다.

고객에게 아름다움, 심미적인 것을 제공하려면 우리가 먼저 그걸 알아야 한다. 삼성그룹을 한 번 봐라. 선대 회장 이후에도 크게 성장할 수 있었던 것은 문화 덕분이라고 생각한다. 호암아트홀, 리움미술관 등을 운영하면서 직원들에게 문화를 심어주지 않는가.

'조인트 까고' 윽박지르는 기업 문화가 얼마나 가겠나. 예전엔 덩치 큰 기업이 작은 기업을 집어삼켰다면 앞으로는 속도(기술), 더 나아가 기업 문화 수준이 높은 회사가 제일 앞선 기업이 될 것이다.

안양 신사옥 앞에 구름다리를 만들고 있는 것도 이런 이유에서다. 다리가 네 개인데 왼쪽으로 갈수록 난이도가 높게 만들었다. 처음엔 누구나 오른쪽에 있는 쉬운 다리로 간다. 나중엔 모든 사람이 맨 왼쪽에서 도전을 즐기게 된다. '무서운 것이 재미있다'는 애기가 있다. 도전challenge과 재미fun는 일맥상통한다는 거다.

팀장급 이상에게는 최신형 IT(정보기술) 제품을 지급하고 있는 것도 마찬가지 맥락에서다. 얼리어답터(early adapter, 최신 제품을 항상 남보다 먼저 구입해서 써보는 마니아)가 돼야 문화는 물론이고 세상 돌아가는 걸 아는 법이다. 무조건 신형이 나오면 임원들에게 쓰게 만든다. (동석했던 해태제과 강경수 이사를 쳐다보며) 우리 임원들은 고생 좀 해야 된다. (윤 회장은 자신의 최신형 PDA 폰을 시연해보기도 하고, 뒷주머니에서 디지털카메라를 꺼내 최근 찍은 사진을 보여주기도 했다. PDA폰용 스틱 대신 크레디트 카드를 잘라 만든 자신만의 스틱을 자랑하기도 했다.)

앞으로도 과자 산업이 꿈을 주는 산업으로 돌아가기만 한다면 미래는 밝다고 생각한다. 고객들에게 봉사하면 가능한 일이다. 한마디로 고객이 도망가지 못하게 고객과 소통하는 것을 말한다. 도망가지 못할뿐더러 팔을 안으로 굽게 만드는 게 목표다. 하루아침에 되겠냐만은 직원들이 점차 역량을 갖춰가고 있다고 생각한다.

나는 과자를 너무 많이 먹어서 배만 나왔다. 한 봉을 다 먹고 난 다음에 두 봉째 먹는 맛이 과자의 진짜 맛이다. 이때도 맛이 있어야 소비자들에게 구매 욕구를 자극할 수 있다. 직업병인 것 같아서 아예

우리 연구소 직원들에게 많이 먹어도 탄수화물 흡수가 덜한 제품을 만들라고 했는데 아직 성과는 별로다. (웃음)

Q　조직에서 필요한 사람과 그렇지 않은 사람은 어떻게 구분하십니까?

A　나름대로 머리를 짜내서 만든 구궁 인재론九宮人財論이 있다. 이걸 보고 직원들을 평가하곤 한다. 수修, 학學, 사思, 열熱, 충忠, 신信, 구究, 조造, 수首 등 9가지를 직원들이 갖췄으면 하는 것이다.

가운데 자리 잡고 있는 충은 충성을 의미한다. 신은 믿음으로 말을 지킨다는 뜻이다. 조는 하늘에 바치는 물건을 만든다는 의미다. 이밖에 수는 자신을 닦고 정돈하라는 것을, 열은 열정을 뜻한다. 구는 연구, 수는 무리 가운데 뛰어나서 멀리 내다보는 판단력을 갖춰야 한다는 것을 뜻한다.

이 가운데 가장 중요하게 생각하는 것은 충이다. 기능이나 기술 능력도 중요하지만 충이 제일 중요하다. 기술이 있어도 (조직에) 충성을 바치지 않으면 칼날을 잡는 것과 같다. 좋은 조직은 충성을 바치는 사람이 많아야 만들어진다. 모든 것을 다 아웃소싱 할 수 있어도 충만은 아웃소싱 할 수 없다.

마지막으로 내 좌우명은 목계木鷄를 닮자는 거다. 사무실에 목계를 걸어놓고 생각날 때마다 바라본다. 장자에 나오는 기성자라는 사람은 싸움을 하지 않더라도 근엄한 위용을 갖춰 어떤 싸움닭도 범접

하지 못하는 게 나무닭이라고 했다. 목계와 같은 경지에 이르기 위해
서는 많은 내공을 쌓아야 한다. 부하들이 알아서 자율적으로 따라오
게 만들고 싶다는 뜻도 담겨 있다.

윤영달 회장은 줄탁동시啐啄同時라는 말로 자신의 경영론을 폈다.

"스님들이 수행할 때 스승이 봐서 공부 수준이 어느 정도 올라 갔다고 생각하면 화두를 던지고, 제자는 그걸 풀면서 깨우칩니다. 화두를 던지고 깨우치는 것을 줄탁동시라고 하지요."

한자 뜻풀이를 들으면 금세 의미를 알 수 있다. 병아리가 알에서 나오려면 먼저 스스로 알을 깨기 위해 부리로 알을 쪼아야 한다. 그러면 알을 품던 어미 닭이 소리를 알아듣고 동시에 밖에서 알을 쪼아 병아리가 세상을 보게 된다는 얘기다. 절묘한 타이밍과 상생의 의미를 깨우치게 하는 고사성어다. 윤 회장은 이를 경영에 접목시켜 해석한다.

"경영학에서 커뮤니케이션을 한다고 할 때 보통 톱다운top-down은 일본식이고 보텀업bottom-up은 미국식을 말합니다. 2가지 이론을 뛰어넘으려면 한국에선 위아래가 동시에 만나는 이른바 줄탁동시 방식이 돼야 합니다. 이게 부족하니 노조 문제가 생기는 거죠."

해태제과는 2007년 1월 17억 원의 영업이익 흑자를 냈다. 새해 출발이 좋다. 윤 회장은 이걸 줄탁동시 경영론이 먹히고 있는 증거라고 말한다.

해태제과는 소비자와의 접점을 찾는 데 공을 많이 들였다. 2006년 3월부터 도입한 GCRMgeographic customer relation management 제도가 대표적이다. 이 제도는 소매 점포의 판매 데이터를 손금 보듯 해서 고객 만족도를 높이는 것이다.

윤 회장은 해태제과의 부채 규모를 줄이기 위해 얼마 전 해태제과의 남영동 본사 사옥, 후암동의 중앙연구소, 천안1공장 등 부동산 자산을 매물로 내놓았다. 이들 물건이 팔리면 2천600억 원 수준인 고정 부채가 3분의 2 수준으로 줄어들어 금융비 부담에서 어느 정도 벗어날 것으로 보인다. 또 2007년 5월에 모습을 드러낸 크라운 해태제과 안양 본사를 갤러리 수준의 문화 공간으로 만들어 소비자들이 자주 찾도록 할 계획이다.

CEO
& COMPANY

윤영달 회장은 국내 제과업계의 유일한 오너 CEO다. 1969년부터 크라운 제과의 경영에 참여했으며, 이후 전근대적인 국내의 과자 영업 시스템을 새롭게 하는 데 '1등 공신' 역할을 톡톡히 했다. '루트 세일'이라 불리는 유통 방식을 도입한 것이 대표적인 사례다. 제조업체의 유통사원이 도매상을 거치지 않고 전국 방방곡곡의 구멍가게까지 소매점을 직접 찾아다니며 물건을 공급하는 유통방식이다. 이 같은 한국식 유통은 외국업체들이 쉽사리 국내시장을 뚫지 못하도록 방패막이 역할을 하기도 했다. 현재 제과업계에서 모두 준용하는 가격공제의 기준가(76퍼센트)도 윤 회장이 처음 시행한 제도다. 제품 개발에도 독보적인 발자국을 남겼다. 1972년 시장의 뻥튀기에서 착안한 '죠리퐁' 제품을 직접 개발한 것이다. 이 제품은 국내 최초의 스낵 개념의 제품으로 현재까지도 크라운제과의 최고 히트제품으로 남아 있다. 1998년 1월 외환위기의 역풍으로 회사가 부도 상황에 몰리자 이를 극복하기 위해 내세운 크로스마케팅Cross Marketing도 윤 회장의 역작이다. 크라운 제과가 가진 업종 특성을 반영한 제휴마케팅의 일환으로 윤 회장이 직접 창안했다. 그 제휴 대상을 일본, 대만, 중국 등 해외 업체로 확대시킨 것이다. 2005년 해태제과 인수로 또 한 번 놀라움을 선사한 윤 회장은 '제과산업이야말로 미래산업'이라는 확고한 신념을 바탕으로 '웰빙' 제품 개발에 적극적으로 나서고 있다. 2008년 크라운 해태제과의 화두는 '아트'다. 윤 회장이 궁극적으로 추구하는 목표는 고객에게 단순한 맛을 넘어, '아름다운 즐거움'을 제공하는 과자를 만드는 것이다. 과자 속에 문화를 담겠다는 의도다.

모닝아카데미를 통해 임직원에게 끊임없이 문화 경험을 쌓게 한 것도 창신創新을 통해 직원들의 문화적 소양이 일정 수준에 다다를 수 있어야 고객에게 최대의 감동을 전할 수 있다고 믿기 때문이다.

벤처
1세대의 맏형

_ 변대규 휴맥스 사장

변대규 사장은 1960년 경남 거창에서 태어났다. 대구 영남고와 서울대 제어계측공학과를 졸업했다. 1989년 제어계측공학과 박사학위를 받을 당시 대학원 동료와 후배 6명과 함께 자본금 5천만 원으로 휴맥스를 설립했다. 현재 SK텔레콤 사외이사와 사단법인 벤처리더스클럽 회장을 겸임하고 있다. 2001년 미국 경제주간지 〈비즈니스위크〉 '아시아의 스타 50인', 2002년 세계경제포럼 '아시아 차세대 지도자', 2003년 과학기술부 '닮고 싶고 되고 싶은 과학기술인'으로 각각 선정됐다.

나는 의심을 하지 못하는 사람이다.
사람에 대한 이런 태도는 단점인 동시에 장점이다.
사람을 쉽게 믿어버리면 그 사람 역시
내가 자신을 믿는 것을 느끼기 때문에
함께 편하게 일할 수 있다!

벤처Venture. 영어사전을 펼쳐 보면 첫머리에 '모험'이라고 해석돼 있다. 흔히 기업인들의 삶을 모험가에 빗대곤 한다. '흥'과 '망' 사이에서 끊임없이 줄타기 하는 그들을 가리켜 모험 유전자를 타고났다고 말하기도 한다. 그렇다면 아예 모험이라는 말을 앞에 못 박은 벤처기업인은 과연 어떤 사람일까. 그것도 우리나라 벤처 1세대, 그 중에서도 '맏형'으로 불리는 사람이라면.

서울 중림동에 있는 어느 고깃집에서 기자들이 만난 변대규 사장의 첫인상은 방학 때도 오후 12시까지 실험실에서 연구에 몰두하는 대학교수 이미지의 전형이었다. 마른 체형에 갸름한 얼굴, 다소 소심해 보이는 눈빛과 도수 높은 안경이 어우러진 그의 모습에서 벤처를 읽어내기는 힘들었다. 그 역시 "나이 40이 넘었는데도 장사꾼 얼굴이 안 나와 걱정"이라며 웃었다. 변 사장은 그러나 기자들과 술잔을 부딪치자 곧 숨겨뒀던 자신의 모험가적 카리스마를 드러냈다. 어눌한 듯하면서도 무게감 있는 그의 말주변을 통해 펼쳐진 '모험담'은 한국 벤처의 역사를 그대로 풀어놓은 듯했다.

Q 학창시절은 어땠으며, 그때부터 기업인을 꿈꿔왔나요?

A 학창시절의 성적은 전교 수석할 때도 있고 2~3등 할 때도

있었다. 다만 고등학교 때 문과냐 이과냐를 놓고 고민 많이 했다. 문과 기질도 다분하다고 생각했다. 일단 이과를 선택하자 당연히 공대를 가야겠다고 마음먹었다. 우리 때만 해도 공대가 굉장히 매력적이었다. 의대 갈 생각을 해본 적은 없었다. 전공을 제어계측공학으로 택했는데 사실 그 전공에 대해서는 잘 몰랐고, 로보틱스랑 미사일 제어를 연구한다고 하니까 멋져 보이더라. 전공을 배운 후 기업을 차려 돈 될 만한 것을 만들어 팔아봐야겠다는 생각을 가졌던 것은 아니다. 그런데 막상 대학 4년 동안은 공부를 거의 안 했다. 어쩌면 못했다고 보는 게 더 맞을 것 같다. 당시에는 대학생이 공부할 여건이 아니었다. 거의 매일 휴교령에다 공부하는 게 이상한 사회적 환경이었다. 한 예로 1학년 때 기숙사에 있었는데 새벽 4시쯤에 이상한 음악이 흘러나와 깨어보니 박정희 대통령이 암살됐다는 거다. 그날로 짐 싸서 바로 대구 집으로 내려갔다. 2학년 때에는 5·18민주화운동이 일어나질 않나……. 대학생은 데모하거나 도망쳐 다니는 게 일이었던 시절이다. 나도 데모에 곧잘 가담하곤 했다. 비록 앞에 나선 적은 없지만…….

대학을 졸업하고서는 대학원에서 박사과정을 밟았다. 일단 뭘 하면 잘해야 한다는 욕심이 있다. 그런데 대학원을 다니다 보니 내가 뛰어난 교수가 될 사람은 아니라는 생각이 들더라. 수학도 잘 못하고. 그래서 박사과정 1년 때 포기했다.

Q 　창업의 계기는 무엇이었습니까. 사업 초기에는 실패도 많았다고 들었습니다.

A 　1989년으로 기억한다. 대학원 친구들과 서울 신림동에 있는 단골 포장마차에서 술을 마시면서 서로 장래에 대해 이야기했다. 그러다 다 같이 창업을 해보자고 장난처럼 의견을 모았다. 사업계획이니 창업자금이니 하는 것은 물론 아무것도 없었다. 그게 휴맥스 탄생의 출발이었다. 이후 창업자금 마련을 위해 기술신용보증기금에 돈을 빌리러 갔는데 한마디로 '무대뽀'였다. 5천만 원짜리 보증서를 신청하려고 하니 창구 직원이 대뜸 집 등기부등본을 달라고 하더라. 그래서 '저 하숙생인데요'라고 했더니 직원이 황당한 표정으로 '하

숙생이 보증 받으러 온 것은 처음 본다'고 말하고는 옆의 직원들과 낄낄거리며 웃더라. 어쨌든 보증서는 받아냈다. 아마 기보에서 박사학위를 보고 그랬는지는 모르겠지만(기보는 최근 변 사장에 대한 대출을 가장 성공적인 사례로 꼽고 있다), 이렇게 무대뽀였으니 사업 초기에도 실패의 연속이었을 수밖에.

처음 5년 동안에는 해마다 한두 가지 사업 아이템을 개발하다 접었다. 교과서적인 실패였다고나 할까.

공급자 중심의 사고로 일관하며 시장에서 요구하는 것은 뇌두고 우리가 관심 있는 것만 만들었으니 말이다. 실패하는 벤처들이 다 그렇다. 그러다 성공한 것이 바로 가요반주기였다. 이것도 처음에 다른 기술을 개발하다 나온 거였다. 컴퓨터용 영상처리 보드를 만들었는데 출시 후 광고에 제품의 여러 가지 용도를 적시한 가운데 아마 여덟 번째인가 마지막에 '영상에 자막을 올릴 수 있다' 는 문구를 넣었다. 시장의 생리를 모르는 엔지니어 입장에서는 이 기능이 별로 중요하지 않다고 여긴 게다. 그런데 고객들은 이 문구를 본 거다. '이게 시장이구나' 하는 생각이 들더라. 그래서 아예 노래방 영상에 자막이 나오는 가요반주기를 개발했다.

Q　오늘날의 휴맥스를 만들게 된 과정에 대해 말씀해주시지요.

A　디지털 셋톱박스 사업에 나서기로 한 것은 중요한 결정이 아니었다. 진짜 중요한 결정은 디지털 가전사업에 뛰어들기로 한 것이었다. 당시만 해도 아날로그 가전이 대세였지만 디지털 기술이 아날로그 가전에 접합이 돼 디지털 가전이 나올 것이라는 전망들이 조금씩 흘러나오던 시기였다. 그래서 디지털 가전사업을 선택했다. 디지털 가전사업에 나서기로 한 이상 연구개발은 자연히 디지털 셋톱박스 개발로 흘러가게 되더라. 그런데 디지털 셋톱박스 사업을 하면서 가요반주기 사업도 함께 하기에는 무리가 따른다는 판단이 들었다. 그래서 과감하게 포기했다. 사실 지금 생각하면 극단적인 결정인데 당시에는 그만큼 때가 묻지 않았기 때문에 가능했다고 생각한다.

이 사업을 시작하며 정말 '죽을 고생'을 했다. 처음에는 잘나갔다.

당시 국내에는 수요가 없어 유럽 시장을 노렸는데 1996년 처음 수출에 성공했고, 3개월 만에 수출액이 3천만 달러에 달했다. '대박이다' 싶었는데 이게 웬걸, 다음해에 절반이 반품돼 들어왔다. 1년 내내 고장 난 제품 고치러 돌아다니느라 시간 다 보냈다. 그 사이 제품 판매는 거의 중단하다시피 했다. 벤처기업의 착각 가운데 하나가 '자본은 없어도 기술력은 뛰어나다'는 거다. 우리도 예외가 아니었다. 자본뿐만 아니라 실상은 기술력도 모자랐던 거다. 날씨가 조금만 안 좋아도 수신이 안 되니 누군들 좋아하겠나.

1997년 영국 공장 근처 숙소에 있던 어느 날이었다. 새벽 3시에 일어나 혼자 우리 회사 상황을 점검해봤더니 완전히 '망한' 회사더라. 현금은 없고 주가는 폭락하고 직원들 사기는 죽어 있고……. 여기에 매출까지 없는 상태였다. 한국에 돌아와 궁여지책으로 당장 나를 비롯해 모든 직원들의 월급을 깎았다. 이 와중에 설상가상으로 주요 거래처인 해태전자마저 부도가 났다. 당시 우리 회사 재무담당 이사를 맡았던 사람은 '끝인데요. 사업을 정리해야 할 것 같습니다'라는 얘기를 했을 정도다. 그러나 절망하지 않았다. 반품이 들어온 제품들을 수리하면서 단점을 보완한 신제품을 개발해 1997년 말에 내놨다. 그런데 이 제품이 히트를 쳤다. 아마 몇 달만 늦게 나왔어도 망했을 텐데……. 품질이 안정되면서 고객이 갈수록 늘어났다. 이후 꾸준히 신제품을 내놓으면서 차츰 업계를 선도하는 업체로 부상했다.

 창사 17년 만인 2006년에 처음 신입사원을 뽑았는데 어떤
이유에서였습니까?

A 그 전까지 경력자를 수시 채용했다. 당장 필드에서 일할 수
있는 인재가 필요했다. 그런데 경력 직원들은 전문성은 높지만 출신
배경이 다르다 보니 소속감이나 공동체 의식은 다소 떨어진다. 그래
서 물렁물렁해진 조직을 단단하게 만들기 위해 신입사원 채용을 결
정했다. 받아보니 역시 신세대들은 달랐다. 20대 중반 젊은이들의 사
고방식을 이해한다는 게 쉬운 일이 아니더라. 그래서 언젠가 신입사
원들에게 10년 뒤에 뭘 할지 직접 물어봤다. 다들 대답은 비슷했다.

첫째, 전문가가 되겠다고 하더라. 휴맥스를 위해 열심히 일하겠다
는 사람은 한 명도 없었다. 둘째, 건
강을 위해 열심히 운동하겠다, 셋째,
재테크를 하겠다. 우리 때랑은 완전
히 다르다. 아니 20대 중반에 무슨
건강이야. 재테크는 또 뭐고. 하지
만 이들이 바로 근대적인 인간이라
는 생각이 들었다. 어쩌면 혈연 지
연 떠드는 선배들보다는 나을 수도
있겠다는 거다. 사회가 돌아가려면
5퍼센트만 공동체를 생각하면 된다
고 본다. 물론 1퍼센트도 공동체를
생각하지 않는다면 그때는 문제가

심각해지겠지만 말이다.

어찌됐든 신입사원들은 그 자체만으로 정말 사랑스러운 것 같다. 전에는 수습교육 과정에서 회사 역사를 소재로 뮤지컬을 준비하라고 시킨 적이 있었다. 처음에는 투덜대더니 새벽까지 같이 준비하면서 서로 친해지더라. 열심히 준비해서 창립기념일인 2월 1일에 뮤지컬 공연을 했더니 회사 직원들 모두 감명 받은 눈치였다. 다들 젊은 기운을 받아들였다고나 할까.

Q 자신의 인생에 대해 점수를 주신다면 몇 점인지, 그리고 다시 태어나도 사업가가 되고 싶으신가요?

A 점수는 얘기하기 힘들다. 난 그냥 교과서처럼 열심히 살려고 애썼다. 적당히가 아니라 책에서 얘기하는 것처럼 열심히 사는 것이다. 난 다시 태어나도 사업가가 되고 싶다. 지금 굉장히 만족하고 있다. 너무나 많은 것을 알게 됐으니 말이다. 만약 교수가 됐다면 깊게는 갔겠지만 좁았을 것 같다. 지금이 훨씬 더 좋다.

요즘 이공계 위기라는 말들이 나오고 있다. 난 공대 후배들에게 '뭔가 저질러 봐라'고 이야기하고 싶다. 제발 안정적인 일을 하려고 하지 마라. 괴롭고 힘들어도 그걸 넘어가야 인생이 넓어지는 법이다. 건물 하나 사 가지고 임대료 받고 사는 인생은 너무 지루하지 않겠는가.

변대규 사장은 후배 벤처기업인들 사이에서 '실패 전문가'로 통한다. 스스로도 "벤처기업인이 겪을 수 있는 실패는 다 겪어본 사람"이라고 말한다. 그는 이날 술자리에서 자신의 경험을 토대로 한 벤처기업이 망하는 주요 요인 3가지를 제시했다.

첫 번째 요인은 시장을 고려치 않은 제품 개발이다. 변 사장에 따르면 망하는 벤처기업의 약 90퍼센트가 이 단계에서 주저앉는다. 벤처기업인들은 소비자들이 원하는 제품보다는 자신들이 관심 있는 제품을 개발하는 경우가 많다. 특히 엔지니어 출신 경영자들이 이러한 함정에 빠지기 십상이다. 시장에서 받아들이든 말든 '새로운 기술이다' 싶으면 무조건 내놓고 본다는 것. 휴맥스도 초기에는 이러한 제품 개발 행태를 반복했다. 그 예로 변 사장은 1989년 창업과 함께 내놨던 자동차 후방카메라를 들었다. 그는 "지금이야 점차 도입이 확산되고 있지만 1980년대 소비자들이 선뜻 구매하기에는 '너무 앞선' 기술이었습니다"라고 털어놨다.

이 단계를 거치면 기다리고 있는 것이 바로 자금 부족이다. 회사는 성장하는데 돈이 쌓이지 않고 오히려 더욱 모자라는 상황이다. 이 역시도 엔지니어 출신들이 특히 주의해야 할 점으로 꼽았다. 기술 개발과 마찬가지로 자금 조달 역시 전문적인 영역인데 아무나 할 수 있다고 여겨 아마추어들에게 대충 맡기면 이런 난관에 봉착하게 된다는 것이다.

"휴맥스도 자금 조달 문제로 어려움을 겪다 주위에서 소개받은 관련 전문가를 영입해 위기를 극복했습니다."

그가 마지막 요인으로 꼽은 것은 바로 창업공신들의 기득권 행사다. 기업이 성장하면 외부에서 새로운 인사들을 영입해야 하는데 이들이 기존에 똘똘 뭉쳐 있던 창업공신들에게서 배타시되면서 기업 내 갈등이 일어나는 것.

"휴맥스도 매출 2천억~3천억 원 단계에서 이러한 문제에 부딪혀 수년간 매출이 정체됐지요."

당시 그가 문제해결을 위해 택한 방법은 창업공신들을 '내치는' 것이었다.

"과거에 휴맥스를 위해 얼마나 기여했는지 상관없이 오늘날 휴맥스를 위해 어떤 일을 할 수 있는지로 각자 역할을 정의하자고 했습니다. 오늘 시점에 맞지 않는 사람들은 스스로나 회사를 위해 떠나는 것이 맞아요. 그래서 결국 많은 사람들이 나갔습니다. 이 과정을 통해 회사 내 기득권이 사라지면서 회사가 다시 성장세로 돌아섰습니다. 당시 떠난 사람들도 이런 선택을 이해해줘 지금도 좋은 관계를 유지하고 있습니다."

　　변대규 사장은 한국의 '벤처 신화'를 대표하는 인물이다. 국내 벤처 역사의 초창기인 1989년 휴맥스를 창업해 디지털방송을 수신하는 셋톱박스 분야의 세계적인 회사로 성장시켰다. 창업 당시 서울대 제어계측공학과 대학원 동료 여섯 명과 자본금 5천만 원으로 시작한 '초라한' 회사였다. 그러나 변 사장은 선구자적인 안목을 통해 회사의 운명을 바꿔놓았다.

　　그는 디지털이라는 말조차 생소했던 1993년 무렵, 디지털 기술이 아날로그 기술과 결합해 가전산업에 거대한 변화를 일으킬 것으로 내다봤다. 그래서 선택한 아이템이 바로 셋톱박스였다. 그는 자체 연구개발을 통해 1996년 아시아 최초, 세계 세 번째로 셋톱박스를 선보였다. 이 셋톱박스는 2000년 유럽시장을 석권한 데 이어 중동, 미국, 일본 등으로 진출했다. 휴맥스는 현재 세계 80여 국가에서 셋톱박스를 판매하고 있다. 변 사장은 또 2003년에는 셋톱박스 기술을 접목한 디지털TV 사업에 나서는 등 사업영역을 확대하고 있다. 이에 따라 지난 10여 년 동안 휴맥스 매출은 50배가량 성장했다. 그의 목표는 휴맥스를 글로벌 경쟁력을 갖춘 세계적인 대기업으로 성장시키는 것이다.

　　변 사장은 벤처기업협회 수석부회장과 벤처리더스클럽회장, 벤처천억클럽회장을 역임하는 등 국내 벤처업계 발전을 위해서도 힘을 쏟았다. 또한 2002년 세계경제포럼에서 '아시아 차세대 지도자'로 선정되고, 2003년 한국과학문화재단의 '닮고 싶고 되고 싶은 과학기술인'으로 뽑히는 등 산업계를 대표하는 과학기술인으로 인정받고 있다.

그러나 섬세한 바다 사나이

_박정원 한진해운 사장

박정원 사장은 1945년 서울 동대문구에서 태어난 '해방둥이'다. 젊은 시절에는 합기도, 복싱, 유도, 태권도로 심신을 단련했다. 중동고와 한양대 화학공학과를 졸업했다. 1972년 한진해운의 전신인 해운공사에 입사하며 바다와 연을 맺었다. 1990년대 말 컨테이너선 마케팅과 영업을 담당하며 오늘날 가장 강력한 해운업계 얼라이언스인 CKYH 제휴를 일궈냈다. 2004년 사장으로 취임했다.

절도 있는 생활이 좋아
해운업에 매료됐다. 절도라는 것은
두뇌, 마음, 신체의 리듬에 따라
일과 휴식을 확실하게 구분 짓는 것이다!

이력서만 보면 그는 '마초' 이미지가 물씬 풍기는 거친 남성임에 틀림없다. 합기도(3단)와 복싱으로 심신을 단련한 '35년 바다 사나이'이니 더 말해 무엇하겠는가. 육순이 넘은 나이에도 아직껏 '제대로' 취해본 적이 없다는 주량은 또 어떻고……. 하지만 실제 모습은 예상과 너무도 달랐다. 단정한 옷매무새와 날카로운 눈매는 '우람한 몸집에 덥수룩한 수염'을 기대했던 기자들의 환상을 깨뜨렸고, 따뜻함이 배어나는 정겨운 말투에서 '뱃사람'들의 거친 구석은 찾아볼 수 없었다. 동서고금을 넘나드는 박식함에는 혀를 내두를 정도였다. 기대를 저버리지 않은 건 오로지 술 실력뿐이었다. 박정원 사장의 지칠 줄 모르는 주량 탓에 저녁 7시쯤 광화문의 어느 고깃집에서 시작된 기자들과의 만남은 새벽 2시에 이르러서야 끝났다.

Q 해운업은 남성적인 느낌이 강한데, 실제로 성격은 어떠십니까?

A 영어에서도 배를 여성she으로 지칭한다. 해운업의 이미지는 남성적이지만 배를 다루려면 섬세함이 필요하다. 실제 한진해운에도 여직원들이 많다. 여성 항해사도 있고…….

(여기자들에게) 우리 배 한번 타보시라. 교육선 있으니까 원하면 언

제든 태워주겠다. 배를 타고 망망대해를 떠다니다 보면 많은 생각을 하게 된다.

(바다가 무섭지 않냐는 질문에) 무섭지 않으니까 해운회사 CEO를 하는 게 아닌가. 배를 타다 보면 가끔 두려움이 밀려오긴 한다. 어떤 직종이든 마찬가지다. 일하다 보면 스트레스와 두려움이 생긴다. 이를 극복 못하면 거기서 끝이다. 실패를 두려워하면 절대 성공할 수 없다. 그렇다고 실패를 숨기거나 남한테 떠넘기려 한다면 계속 실패만 반복하게 마련이다. 나는 그런 두려움과 스트레스를 즐겼다고 해야 되나. 여하튼 그럭저럭 잘 극복했던 것 같다.

나는 서울에서 태어나 한국전쟁 때 부산으로 피난을 갔다. 서울엔 초등학교 5학년 때 다시 올라왔는데, 그때 올라오니까 친구가 없더라. 사투리 쓴다고 놀림만 받고, 요즘 말로 '왕따'였다. 외롭다 보니 자전거를 자주 탔다. 그러다 한 번은 나보다 한 살 많은 형이 내 자전거를 빼앗아 달아나는 일이 벌어졌다. 한참을 쫓아가 붙잡은 뒤 옥신각신하는데, 어느 대학생 형이 자초지종을 듣고 해결해줬다. 그때 자전거 빼앗은 사람을 지금도 만난다. 사실 자전거 빼앗은 그 사람은 이름만 대면 다들 알 만한 CEO다(박 사장은 끝내 이름을 밝히진 않았다.) 그때는 미웠는데 알고 보니 대단한 사람이더라. 지금은 아주 친해져서 가끔 술 한잔씩 하고 그런다. 내 인생의 멘토랄까. 정신력이 워낙 강인한 사람이어서 '저 형을 이겨야지' 라고 이를 악물던 기억이 난다.

아무튼 그때는 그 형을 혼내주려고 중학교 들어가면서 권투도장에 다녔다. 당시만 해도 권투도장엔 선수 지망생이 많았다. 엄청 맞았다. 그런데 아프지가 않더라. 오히려 맞을수록 '저 놈이랑 다시 대련해야지'란 생각이 들었다. 열심히 했더니 관장이 나한테 "너 권투 선수 될 수 있어. 키워줄게"라고 할 정도까지 되더라. 권투는 꼭 이기고 싶다는 신념을 나에게 불어넣어줬다. 공정한 사각의 링에서 실력으로 맞붙는 묘미도 알게 됐다. 이런 게 사회생활 하는 데 많은 자극제가 됐다. 나는 뭐 하나에 심취하면 끝까지 파고드는 스타일인데 아마 그때부터 그랬던 것 같다. 그때 생긴 도전정신은 업무를 볼 때도 큰 도움이 되고 있다.

고등학교 때는 합기도를 했다. 하지만 정식으로 운동을 하다 보니까 싸우게 되지는 않더라. 정식 대련은 가끔 했다. 대학 때는 유도 유단자와 대련하다 혼나기도 했다. 그래서 유도도 배웠다. 사실 학창시절에는 놀기도 잘 놀았다. 합기도 3단에 당구 300, 바둑 3급이었다. 하지만 공부할 땐 열심히 했다. 절도 있는 생활이 좋았다.

군복무는 ROTC(6기)로 마쳤다. 군대에서 표창도 많이 받았다. 내가 있던 부대에서 소위로 중대장을 역임한 사람은 나밖에 없다. 중위제대 무렵엔 부대장이 장기 복무 추천을 하더라. 내 생각에도 절도 있는 군대생활이 적성에 맞는 거 같아서 고민 좀 했다.

사실 고등학교 때까지 해군사관학교 가는 게 목표였다. 사관학교 가려고 이과를 선택했고, 담임선생님도 "넌 운동도 잘하고 의협심도 있으니 잘 생각했다"며 OK 했는데, 결국 부모님 반대로 접었다. 사관학교를 포기한 뒤에 후회를 참 많이 했다.

Q   어떤 계기로 해운회사와 인연을 맺게 되었나요?

A   공대를 나왔으니 처음엔 해운업체는 생각도 안 했다. 원래는 제대하고 유학을 가려고 미국 대학에 입학허가까지 받아놨다. 그러던 중 신문에 난 '해운공사 신입사원 모집공고'가 내 인생 항로를 완전히 바꿔놨다. 당시 해운공사는 7명 뽑는데 1천 명이 몰릴 정도로 인기였다. 입사 후 3개월 동안 승선 교육을 한 뒤론 유학의 꿈은 접었다. 해운업이 너무 좋았기 때문이다. 그때 재래선을 타고 꼬박 3개월 동안 일본과 미국의 주요 항만을 둘러봤다. 바다에서 선원들과 생활하는 것, 수출입 화물 선적하는 것 모두 좋았다. 절도 있는 생활방식도 맘에 들고 완전히 매료됐다. 하지만 입사하고 얼마 안 돼 내가 인문계 출신 동기보다 못하다는 생각이 들었다. 그래서 해운 공부를 본격적으로 시작했다. 아마 나만큼 해운 공부를 많이 한 사람도 없을 거다. 해운 관련 보험, 신용장 통일 규칙, 각국 선적 양하 규칙 등 웬만한 건 달달 외웠다. 자강불식自强不息이란 말이 있다. 쉬지 않고 노

력하면 반드시 성취한다는 얘기다. 내가 바로 그랬다.

'언젠가 해운 분야 최고전문가가 되겠다'는 생각으로 일한 덕분인지 지금은 외국의 어떤 해운사 CEO와 만나도 뒤지지 않는다고 자부한다. 예를 들어 외국 선사 CEO들과 해운 항만 관련 시험을 본다든가, 논문을 쓰라고 하면 내가 이기리라고 생각한다.

그렇다고 시련이 없었던 건 아니다. 특히 외환위기 시절엔 정말 어렵게 보냈다. 해운업은 자본집약 산업이다. 대형선 한 척에 1억 달러가 넘으니 말이다. 그런데 외환위기 직후 돈 꿔주는 은행은 없지, 정부는 부채비율 200퍼센트 지키라고 엄포를 놓지…… 하는 수 없이 당시 갖고 있던 배 10여 척을 다 팔고 다시 리스백 했다.

지금 그 배를 다 가지고 있으면 세계 3~5위권은 됐을 텐데 그때 생각하면 지금도 가슴 아프다. 한진해운이 지금 세계 7~8위권에 머무르게 된 이유다. 하지만 2012년에 한진해운은 다시 세계 5위권 해운사가 될 것이다. 매출 10조 원에 영업이익 1조 원도 달성할 것으로

본다. 그러러면 외국 선사들이 따라오지 못하도록 완벽하게 차별화해야 한다. 단순한 차별화로는 세계를 제패할 수 없다. 완벽한 차별화를 위해 다양한 전략을 구상하고 있다.

Q　직장인으로서 성공 비결이 있다면 무엇인가요?

A　일을 잘 하고, 생활을 잘 하려면 일할 때 확실히 일하고, 놀 때 제대로 놀아야 한다. 사람에겐 3가지 리듬이 있다. 두뇌, 마음, 신체의 리듬이다. 이 리듬에 따라 일과 휴식을 확실하게 구분 짓는 것, 이런 게 절도다.

후배 직원 가운데 간혹 이런 친구들이 보인다. 나는 자기발전을 위해서 노력하는 직원들을 참 좋아한다. 이런 사람들은 어느 조직에 가도 환영받을 것이다. 하지만 회사와 상사에게서 '우리 회사에서 없어서는 안 될 인재'로 평가받기 위해선 피나는 노력을 해야 한다. 또 중요한 것은 '행동'이다. 옛 속담에 "12가지 재주 있는 사람이 저녁거리가 없다"는 말이 있다. 아이디어 천 개가 있어도 행동에 옮기지 않으면 아무 소용이 없다는 얘기다.

실행이야말로 개인은 물론 기업의 미래를 결정짓는다. 기회는 기다린다고 오는 게 아니라, 스스로 찾아야 하는 것이다. 그나저나 내가 너무 절도만 강조하다 보니 군대식 리더십을 강조하는 것처럼 보일지 모른다. 하지만 사실 난 '보스' 스타일의 CEO는 아니다. 강압으로 직원들을 이끌지는 않는다. 오히려 감성에 호소하는 편이다. 그런 리더십을 갖기 위해선 CEO부터 솔선수범하고 희생해야 한다. 나는 대리, 과장, 부장 등 모든 조직원들이 '내가 리더다' 라고 스스로 느낄 수 있도록 만들어주려고 노력한다. 모든 직원들이 '셀프 리더십'을 갖도록 분위기를 만들어주는 리더, 그런 사람이 진짜 리더 아닌가? '내가 리더니까 날 따라오시오'는 21세기형 리더가 아니다.

내가 아들이나 신입사원들에게 자주 해주는 말이 있다. 바로 '이상은 높게 마음은 넓게'라는 말이다. 이상을 높게 가지라는 건 신념을 갖고 끊임없이 노력하라는 말이고, 마음을 넓게 가지라는 건 남을 배려하라는 의미다. 물론 몸은 항상 낮춰야 한다. 사회생활을 하다 보면 물론 몸을 낮추기 힘들 때도 있겠지만 그래도 참아야 한다.

무척이나 엄했던 박정원 사장의 아버지는 돌아가시기 일주일 전에 가족들을 불러 모아놓고 2가지 유언을 남겼다. 아내에게는 '재혼하지 말라' 는 것을, 자식들에겐 '너희 어머니 돌아가시면 합장해야 한다' 고 당부했다. 2005년 당시 부친의 연세는 91세였고, 모친은 84세였다. 이번엔 자식들이 물었다. 지금 제일 하고 싶은 게 뭐냐고. 부친은 힘겨운 목소리로 '병원에서 나와 너희 어머니 방에서 함께 지내고 싶다' 고 했다. 불과 돌아가시기 일주일 전이었다.

"그때만 생각하면 지금도 눈물이 납니다. 그렇게 엄하시던 아버지의 따뜻한 모습에 모두들 고개를 떨구지 못했지요. 어머니에 대한 사랑이 얼마나 애틋했으면……."

박 사장의 부친은 사업으로 크게 성공해 주위 사람들을 많이 도왔다. 하지만 유독 자식들에 대해선 엄격했다. 박 사장은 대학에 들어간 뒤에도 밤 10시 이후에 귀가하면 아버지 앞에서 무릎을 꿇어야 했다.

"늦게 왔다고 무조건 야단 치시는 건 아니었습니다. 그야말로 훈육을 하셨지요. 요즘 말로 '인재 양성' 을 하신 겁니다. 자식들이 주관을 갖고 앞날을 설계할 수 있도록 분위기를 만들어줬던 것 같아요. '자율경영' 을 가정에서 실천하신 것이죠. 자식을 인재로 만들려면 부모도 함께 노력해야 합니다. 부모가 희생하면 자식들은 분명히 따라옵니다."

부친의 교육 덕분일까. 박 사장의 형은 한미은행 부행장을 역임한 박석원 전 두루넷 사장이며, 두 동생은 중앙대 교수를 역임하는 등 한국 사회의 '인재' 로 성장했다.

"나도 어렸을 땐 아버님의 보수적인 교육에 힘들어했습니다. 하지만 나중에 그 뜻을 알게 되면서 나 또한 엄한 아버지가 되었습니다. 이제는 아들이 내게 "나는 아버지보다 더 엄하게 자식을 키울 거예요"라고 하더군요."

Style 2

한때 '격투가(?)' 였던 박정원 사장은 요즘엔 등산으로 건강을 다진다. 아내와 함께 매주 4시간 정도 산행을 한다. 자주 찾는 산은 관악산. 집과 가까운 데다 바위산인 덕분에 등산하는 재미도 있어서다. 10여 년 전 골프를 끊은 뒤부터였다. 미국 주재원 시절 한때 '싱글 골퍼' 였던 박 사장은 1996년 귀국 후 얼마 지나지 않아 골프채를 버렸다. 주말을 온전히 골프에 할애하기엔 시간이 너무 아까왔다는 게 이유다. 골프의 '대타' 로 접하게 된 산은 박 사장의 마음에 쏙 들었다. 건강에도 좋을 뿐 아니라 차분하게 생각할 시간을 주기 때문이다.

"생각해봐요. 현대인들이 차분하게 생각할 수 있는 시간이 하루에 얼마나 되는지……. 얼마나 불행한 것입니까. 그런 점에서 저는 등산을 적극 추천합니다. 저는 등산하는 동안 기와집을 다섯 번쯤 지었다, 부쉈다 합니다. 청기와를 붉은색으로 바꿔보기도 하고……. 저의 삶과 기업 경영 등 이런저런 생각을 한다는 얘기죠."

박 사장은 등산을 기업의 혁신에 비유하기도 했다. 등산이 신체에 미치는 긍정적인 효과는 혁신이 기업에 가져다주는 효과와 비슷하다는 이유에서다.

CEO
& COMPANY

박정원 사장은 37년 경력의 해운 전문가다. 1972년에 한진해운의 전신인 해운공사에 입사하며 바다와 연을 맺었다.

회사생활 대부분은 영업을 하며 보냈고, 그중 11년은 미국 등 해외에서 보냈다. 덕분에 TSA(태평양항로안정협의회), WSC(세계해운협의회) 등 세계적인 해운협의체에 직접 참석해 자유롭게 의사표현을 할 정도로 뛰어난 영어 실력을 갖추게 됐다.

1990년대 말에는 컨테이너선 마케팅과 영업을 담당하면서 오늘날 가장 강력한 해운업계 얼라이언스인 'CKYH(중국 코스코–일본 K라인–대만 양밍–한진해운) 제휴'를 일궈냈다.

사장에 오른 때는 2004년 10월. 3년여간 한진해운을 진두지휘하며 5조400억 원이었던 자산규모를 6조100억 원(2007년 말 기준)으로 1조 원가량 늘렸으며, 매출도 6조2천억 원에서 6조9천400억 원으로 확대했다. 반면 부채비율은 230퍼센트에서 130퍼센트로 끌어내렸다.

박 사장의 강력한 카리스마는 '열린 경영'에서 비롯된다는 게 회사 측의 설명이다. 실제로 박 사장의 집무실은 언제나 열려 있다. 임직원들이 자유롭게 드나들며 '하고 싶은 말'을 하도록 유도하기 위해서다. 이따금 임직원들과 '호프 데이'를 갖는 등 편안한 대화의 자리도 자주 마련한다.

또한 그는 젊은 시절에 합기도와 유도 등으로 다진 강인한 체력 덕분에 수많은 대내외 회의와 해외출장 등의 빡빡하게 스케줄도 거뜬하게 소화해낸다고 자랑한다.

디지털
막강 CEO

_ 신훈
금호아시아나그룹 건설부문 부회장

신훈 부회장은 1945년 전남 장흥에서 태어났다. 광주고등학교와 서울사범대 수학과를 졸업하고 1972년 대한항공 전산직 공채 1기로 사회에 첫발을 내디 딘 뒤 삼환기업, 한국신용평가 등을 거쳐 1988년 아시아나항공 창립멤버로 참여했다. 아시아나항공 전무이사와 정보통신사업담당 부사장을 역임하고 금 호엔지니어링 대표로 CEO 자리에 올랐고, 지난 2005년 금호산업 건설사업 부 대표이사 부회장을 맡으며 대우건설 인수에 주도적인 역할을 담당했다.

한 번 내린 결정에 대한
투철한 책임의식이야말로
CEO가 갖춰야 할 중요한 덕목이다!

'IT 지식으로 무장한 디지털 CEO', 신훈 부회장에 대해 설명할 때면 빠지지 않고 항상 따라붙는 수식어다. 신 부회장과 일면식이 없는 사람은 그의 화려한 이력만 보고 차가운 사람이라는 인상을 가질지 모르지만, 실제로는 구수한 된장찌개 같은 소박하고 인간적인 느낌이다. 연간 매출액이 7조 원을 넘는 대우건설과 금호건설을 함께 이끌어가는 총사령관이라는 사실이 오히려 새삼스럽게 느껴질 정도다. 하지만 노력 없는 대가는 없는 법. 중저음의 바리톤 목소리로 풀어놓는 신 부회장의 파란만장한 인생 역정을 듣다 보면 지금의 자리는 도전하고 경쟁하며 고비를 넘겼던 치열한 삶이 있었기에 가능했다는 사실이 감동적으로 다가온다.

Q 학창시절에 특히 기억에 남는 것이 있다면 무엇인가요?

A 고등학교 1학년 때 수학선생님이 굉장히 엄했다. 어느 날은 어려운 문제 하나를 칠판에 써놓고 번호대로 한 사람씩 나와서 풀게 하는데 내 번호 앞까지 아무도 못 풀더라. 2차 함수 근의 공식을 구하는 증명이었는데 내가 수업 끝나는 종이 칠 때까지 45분간 풀었다. 선생님도 놀랄 정도였다. 인정을 받으니까 더 열심히 하게 됐다. 대학과 직장 역시 수학과의 인연이 이어졌다. 나는 4남 1녀 가운데 넷째

였고 큰형님이 의대에 갔다. 구청 공무원인 아버지는 형님 학비만 대는 데도 빠듯해했다. 고등학교 졸업 무렵 경희대에서 전국 고교학력 경시대회가 열렸는데 내가 학교 대표로 나가 수학부문 전국 1등을 했다. 1등을 차지한 학생에게는 원하는 학과에 4년간 무료 장학금을 준다기에 경영학과에 들어갔다. 그런데 적성이 맞지 않아서 1년 뒤에 서울사범대학 수학과에 다시 입학했다. 학비가 싸서 큰 부담은 없었다. 대학에 다닐 때는 서울 돈암동에 다락방을 하나 빌려서 사설 수학학원을 차리기도 했다. 20명 정도를 가르치고 한 달에 30만 원 정도 벌었다. 대기업 초임이 2만 원일 때니까 엄청 고소득자였던 셈이다.

Q

A 졸업하고 컴퓨터학원 강사로 근무했는데 마침 대한항공과 금성사에서 전산직 공채가 있었다. 항공사 일이 좀더 전망 있어 보여서 대한항공을 선택했다. 전산직 공채 1기였는데 내가 할 일은 온라인 프로그램 개발이었다. 그때만 해도 항공 예약 시스템이란 게 직원들이 일일이 손으로 적고 지우는 원시적인 형태였다. 당시 조중훈 회장은 나에게 온라인 프로그램 개발이라는 특

명을 맡겨 입사 1년 만에 캐나다 시스템 업체로 유학을 떠나게 됐다. 얼마 뒤 국내에 돌아와 전산팀 주도로 2년 6개월 만에 전 회사업무에 온라인을 적용했다. 전 세계 항공사들이 깜짝 놀란 사건이었다.

대한항공에 11년 있다가 건설업체인 삼환기업과 한국신용평가로 직장을 차례차례 옮기다가 지난 1988년 아시아나항공 출범에 맞춰 스카우트돼 금호아시아나그룹과 인연을 맺었다. 당시 아시아나항공에 들어가 업계 최초로 온라인 예약 시스템을 만든 게 가장 기억에 남는다. 후발주자인 아시아나항공이 대한항공과 경쟁하려면 기존 영업방식으로는 힘들겠다는 생각이 들었다. 그래서 생각해낸 것이 가정 예약 시스템이었다. 마침 하이텔, 천리안 등 PC통신망이 깔리는 등 온라인 환경이 맞아떨어졌다. 통신망 접속을 통해서 가정에서 항공권을 예약할 수 있는 온라인 마케팅을 처음 선보인 것이다. 온라인 시장을 선점하고 대한항공과 차별화한 서비스를 제공할 수 있는 계기가 됐다.

Q 건설부문과는 어떻게 인연을 맺게 되었나요?

A 그룹에서 2002년 1월부터 갑자기 건설을 맡기더라. 워크아웃 직전까지 몰렸던 업체라 회사 상황은 말이 아니었다. 은행 부채만 8천억 원이 넘는 회사였다. CEO를 맡고 처음 찾아간 사람이 모 은행장으로 있던 학교 선배였다. 2천억 원만 도와달라고 하니까 부도날 회사를 어떻게 지원하느냐고 일언지하에 거절당했다. 제2금융권을 돌아다니며 긴급 자금을 지원받아 겨우겨우 운영했다. 돌이켜보면

그 어려운 상황에서도 잘 따라와준 직원들이 고마울 따름이다.

(CEO의 역할론을 묻자) 직원들에게는 기본적으로 감성적인 접근이 필요하다. 직원들은 20대부터 60대까지 있으니까 그에 맞춘 교감 방법이 필요한 것이다. 젊은 직원들과 서로 이메일을 주고받으며 서로 교감을 쌓는 일도 경영의 주요 부분이다. 회사가 어려웠을 때도 직원들의 사기 진작을 위해 매년 봉급 인상과 진급을 약속했다. 직원들의 감동을 이끌어내고 의욕을 갖게 해주는 것 또한 CEO의 주요 임무다.

기업을 이끄는 CEO는 한 분야에 대한 전문지식보다 미래 예측력, 정확한 상황판단 능력 등을 발휘하기 위한 종합지식을 가지고 있어야 한다. 기술적 지식에만 기댄 결정은 미래의 기업역량을 키우기보다 자칫 당장의 위기탈출에만 급급한 잘못된 결과를 낳을 수도 있기 때문이다. 또 한번 내린 결정에 대해서는 투철한 책임의식을 갖는 것 역시 CEO가 갖춰야 할 중요한 덕목이다.

Q 인생의 성공 비결을 꼽는다면 무엇일까요?

A 집념과 도전정신이다. 고등학교 2학년 때부터 좌우명이 된 문구가 있다. "청년아, 불평하지 말고 울지 마라. 노력, 인내야말로 쓰라린 인생을 광명으로 이끄는 참된 안내자다. 살아서 굴욕과 천대와 멸시를 받음보다 차라리 분투 중에 쓰러짐을 택하라." 좌절을 두려워하지 말고 집념을 갖고 싸워 부딪치면 좋은 결과가 자연스럽게 따라오게 마련이다.

(회사관리 외에 재테크, 자녀교육 등 가정관리에 대해 묻자) 재테크와는 거

리가 멀다. 한때 주식투자를 해봤지만 내가 사면 떨어지고 팔면 오르고 해서 그만뒀다. 부동산도 마찬가지다. 1990년대 초, 신도시 건설이 한창일 때 내 집 마련을 위해 청약했다가 열 번 실패 끝에 열한 번째에 가까스로 산본에 당첨됐을 정도다. 이후 '재물은 좇기보다는 오히려 좇아오도록 해야 한다' 는 재테크 신조를 세웠다. 지금은 노후를 위해 약간의 여유자금을 전문회사에 맡겨 운영하고 있다.

아이들은 딸 하나 아들 하나 있는데 무난하게 잘 자라줬다. 조금 손해를 보는 일이 있더라도 항상 상대방에게 양보하는 미덕을 가져야 한다고 가르쳤다. 아이들이 이런 가르침을 잘 따라줘 자식 농사만큼은 잘한 것 같다.

아직 은퇴를 생각해본 적은 없지만 은퇴한다면 사회 경험과 지식, 인생 노하우 등을 모아 후배들에게 도움이 될 수 있는 책을 쓰고 싶다. 또 가족들과 여행도 다니고 손자들과도 많은 시간을 보내고픈 소박한 꿈도 갖고 있다.

"60대에 나만 한 휴대폰 '엄지족' 없을 겁니다"라고 말하는 신훈 부회장은 '디지털형 CEO'다. IT업계 1세대 격인 그는 지금도 외출 시에는 항상 노트북을 자신의 분신처럼 챙긴다. 와이브로를 통해 외부 어디에서나 무선 인터넷으로 필요한 정보를 검색하고 차량 이동 중에도 각종 업무를 전자결재로 실시간에 처리한다. 이 때문에 출장 등으로 결재가 늦어져 의사결정이 지연되는 일은 전혀 없다. 신 부회장의 디지털 마인드는 휴대폰에도 담겨 있다. 실제 자판을 보지 않고도 양손 엄지손가락을 이용해 웬만한 메시지를 보낸다. 신세대 며느리와 딸과는 하루에 한 번 정도 메시지를 주고받는다. 간혹 국내외 중요한 회의 자리에서 필요한 자료와 정보가 있으면 회의장 밖에 있는 담당 임원들과 실무자들에게서 메시지를 통해 바로 전달받아 주위 사람들을 놀라게 하기도 한다.

그의 휴대폰 메모장에는 은행 계좌번호, 각종 인터넷 사이트 아이디와 비밀번호, 가족 기념일, 여권번호, 제사 기일 등 회사와 가정과 관련된 정보로 꽉 차 있다. 모임이 있을 때마다 만난 사람, 시간, 장소, 이메일 주소, 모임 주제 등 모든 사항을 기록해두기도 한다. 또한 직원, 가족, 친구, 회장단 등 7개 그룹별로 총 1천100명의 연락처가 저장돼 있다. 각 저장그룹의 전화벨 소리도 따로 설정해놓아 벨소리만으로 급히 받아야 할 전화와 당장 받지 않아도 될 전화를 구별한다.

휴대폰 바탕화면에는 귀여운 손자 사진이 깔려 있다. 바빠서 자주 못 보는 손자와 손녀들의 사진을 저장해놓고 수시로 꺼내보는 게 작지만 큰 행복이란다.

"골프란 게 우리 인생살이와 비슷합니다. 과감히 리스크를 감수해야 할 때도 있고 경쟁라인에서 한 발짝 벗어나 숨을 돌려야 할 때도 있지요. 특히 자신과의 외로운 싸움이라는 점에서 우리 인생과 닮은 점이 참 많습니다."

신훈 부회장의 골프 실력은 이미 업계에 정평이 나 있다. 싱글 골퍼인 것은 물론이고 경기 매너도 PGA 프로급이라는 게 라운딩을 함께한 주위 사람들의 평가다. 그래서인지 신 부회장은 중요한 사업 파트너를 결정할 때는 먼저 골프 라운딩을 함께한다. 상대방의 인품이나 매너를 엿볼 수 있어 좋은 가늠좌가 된다는 설명이다.

그는 45세의 늦은 나이로 골프에 입문했다. 한국신용평가에 근무할 당시 이헌재 전 경제부총리가 머리를 얹어줬다. 늦깎이 골퍼지만, 채를 잡은 지 1년 만에 77타로 싱글 대열에 오를 만큼 열정을 쏟았다. '도전하면 반드시 끝장을 본다'는 신념에 따라 아침, 점심, 저녁으로 짬짬이 시간을 내 하루 다섯 시간씩 맹훈련을 했다. 골프를 시작한 지 3개월째엔 갈비뼈가 양쪽 3대씩 6대나 금이 갔지만 치료 중에도 진통제를 먹어가면서까지 손에서 채를 놓지 않았다. 이같은 노력으로 예순이 넘은 지금도 드라이버 비거리가 260야드에 달할 정도다.

"골프처럼 정직한 운동도 없습니다. 잘못된 샷의 책임은 동반자나 캐디가 아닌 자신의 탓이라고 여기면 분명히 실력이 늘 것입니다."

CEO & COMPANY

금호아시아나건설과 신훈

신훈 부회장은 금호아시아나그룹 건설부문 총사령관으로 국내 1위 건설부문인 금호건설과 대우건설을 이끌며 국내 건설업계를 주도하고 있다. 2002년 금호건설 대표이사로 취임하며 경영정상화는 물론, ERP시스템 개발을 통한 경영혁신과 안전경영, 환경경영, 윤리경영 등을 추진하며 지속가능한 경영의 중요성을 부각시키는 데 큰 기여를 했다. 이 같은 경영혁신 노력으로 신 부회장 취임 당시 369퍼센트에 달하던 부채비율은 불과 2년 만에 150퍼센트대까지 낮아졌고 2004년에는 국내 상장사 가운데 주가상승률 1위를 달성했다. 2004년 이후 해마다 매출액 신기록을 달성한 것은 물론, 2005년 도급순위 17위였던 금호건설을 단숨에 9위까지 끌어올리는 등 놀라운 속도로 금호건설의 경영정상화를 이뤄내며 금호아시아나그룹에서 건설부문을 주력 업종으로 키워냈다.

신 부회장은 2006년 금호아시아나그룹의 대우건설 인수 이후 업계 부동의 1위를 유지하는 등 경영의 안정과 임직원과 조직문화 화합을 성공적으로 이뤄내며 모범적인 M&A의 사례를 남겼다는 평가를 받고 있다.

그는 현재 한국주택협회장으로서 어려운 주택경기 시장에서 국내 건설업체의 입장을 적극 대변하는 등 업계 발전을 위한 노력을 지속하고 있고, 중국과 베트남 등 해외시징과의 교류 확디에 앞장서고 있다. 최고투자책임자CIO 출신인 신훈 부회장은 삼환기업 재직 당시 건설회사 MISManagement Information System 개발은 물론, 건설업계에서 처음으로 수주·도급·예정원가의 인식을 회계 기준의 합당한 원칙에 따라 자동처리 가능한 금호건설의 ERP시스템 KAUS 도입에 앞장서 건설업계의 투명경영 확립에 기여했다.

마라톤 철학의 경영자

신헌철 SK에너지 부회장

신헌철 사장은 1945년 경북 포항에서 태어났다. 너무 가난해 하숙집 호객행위와 아이스크림 장사까지 안 해본 게 거의 없다. 부산상고를 나와 부산대 경영학과를 졸업했다. 해병대에 지원해 34개월이나 군생활을 했다. 1972년 대한석유공사(현 SK)에 입사해 SK가스 상무, SK텔레콤 전무, SK가스 대표이사 부사장, SK텔링크 대표이사 사장 등을 거쳐 2004년부터 SK에너지를 이끌고 있다. 본 내용은 2007년 3월, 그가 SK에너지 사장으로 있었던 당시의 인터뷰 기사를 정리한 것이다.

마라톤이든 경영이든
처음부터 끝까지 혼자서 다 해내야 한다.
실행에 옮기면서 마무리까지
모든 것이 자신의 책임이다!

겨울 막바지의 어느 초저녁 오후 5시 서울 남산순환도로 입구에서 신헌철 사장과 기자, SK 임직원 20여 명이 가벼운 운동복 차림으로 모였다. 아마추어 마라토너인 신 사장이 이색 '러닝 인터뷰'를 제의했기 때문이다. 봄 기운이 완연해진 7.5킬로미터 남짓한 순환로를 뛰면서, 신 사장은 마라톤에 얽힌 자신의 삶을 솔직담백하게 털어났다. 오르막길에선 힘찬 구령을 선창함으로써 동반 러너들을 배려하는 자상함도 드러냈다. 그로부터 닷새 후에 신 사장은 동아국제마라톤대회에 출전해 풀코스(42.195킬로미터)를 3시간 57분 13초 만에 주파, 자신의 종전 최고기록(4시간 3분대)을 갱신했다. 60~65세 러너 가운데 4시간대 벽을 깨고 보스턴마라톤대회 출전자격을 얻은 것이다. 앞서 신 사장은 얼마 전에 중림동 어느 감자탕집에서 기자들과 만나 이야기보따리를 풀었다. 4시간여에 걸친 술자리에서는 드라마 같았던 인생 스토리에 신 사장 특유의 입담이 가세하며, 웃음소리가 끊이질 않았다. 좌중을 편안하게 하는 '옆집 아저씨' 같은 화술과 시조를 읊조리고, 소설 〈메밀꽃 필 무렵〉을 줄줄 외는 모습은 그의 인간적인 진면목이었다. 하지만 경영자로서 신헌철 사장은 180도 다른 모습이다. 50대 초반에 퇴행성 관절염 치료를 위해 마라톤에 입문, 불과 4개월 만에 풀코스를 완주한 것이나 샐러리맨에서 출발해 맡은 회사들을 우량기업으로 탈바꿈시켜 온 경영능력을 볼 때 '독종' '철인'이라는 말이 더 어울린다. 철저한 준비와 성실성, 초인적인 인내는 신 사장의 전매특허다. 기자들과의 마라톤 제의도 사실은 닷새 뒤 마라톤대회 출전을 위한 준비작업이었던 셈이다.

Q　　주량 등 개인적 취향에 대해 말씀해주세요.

A　　평소에는 술을 거의 안 한다. 물론 어쩔 수 없을 때 가끔 하지만……. 2007년 1월에 우리 회사 부문장들과 회의를 끝내고 올해 처음으로 술 한 번 마셨다. 일곱 잔 정도 마셨나. 다음 날 고성에서 마라톤을 뛰었는데 고생 좀 했다. 일곱 잔, 내가 교회 장로인데 목사님이 근신처분 내리는 것 아닐까? (좌중 웃음)

음식은 가리지 않고 다 잘 먹는다. 내 건강도 식성 덕분이다. 촌놈이라 이것저것 가리지 않고 다 좋아한다. 그래도 옛날에 어머니께서 장에 가시면, 음식을 해먹어서 그런지 아직도 직접 만든 김칫국을 제일 좋아한다. 그냥 김치 송송 썰어서 끓이면 된다. 국수도 곁들이면 더욱 기가 막히고…….

(스트레스 해소법에 대해 묻자) 술, 골프 다 소질이 없으니까 그냥 운동 좀 하고, 집에 일찍 들어가는 편이다. 저녁 9시 뉴스 보고, 새벽 4시 20분에 일어나 새벽기도 간다. 휴대폰 알람이 맞춰져 있다. 사실 집사람

을 따라나서는 거다.

Q   직장생활은 어떠신가요?

A   난 항상 초심을 잃지 않으려고 한다. 그래서 아직도 입사통지서, 신입사원 임명장 같은 것을 곁에 두고 가끔씩 꺼내 보곤 한다. 그리고 명함첩도 있다. (그는 신입사원 때부터 지금까지 자리를 바꿀 때마다 바뀐 자신의 명함첩을 보여줬다.)

(직장 선택에 대한 후회는 없냐는 질문에) 글쎄, 지나간 걸 비교해본 적은 없어서…… 내가 원래 낙천적이다. 사실 이건 비밀인데, SK 다니면서 신입 연수 받고 있을 때, 국민은행에서 계속 신원보증서가 빠졌다고 연락이 와서 찾아갔다. SK에 먼저 다니게 됐는데, 개인적 욕심이지만 다녀보고 국민은행 다니려 했다고 솔직하게 말했다. 입사 초기엔 참 좋았다. 가난하게 살아선지 회사에 와보니 별천지였다. 처음 마케팅 업무를 한다고 회사에서 차를 한 대 주더라. 1974년에 4만2천500원 정도 봉급을 받을 때였다. 후회할 틈도 없었다. (웃음)

직장생활은 특별할 게 없었다. 그러고 보니까 수지맞은 적이 있다. 임원 되기 전인 1989년도에 사장실 팀장이었는데, 일반적으로 3년 정도 하면 이동이 이뤄진다. 근데 난 61개월이나 있었다. 드디어 다음 보직 발령이 났는데, 당시 너무도 가고 싶었던 직매부장 자리로 옮기게 됐다. 발령까지 다 받았는데 그만 사정이 생겨 못 갔다. 대신 경영기법 개발부 부장으로 가게 됐다. 지금의 SKMS(SK경영관리시스템)를 다루는 곳이다. 그게 내 운명의 갈림길이었다. 하고 싶던 장사꾼 보직은 아니었지만 최종현 선대 회장의 경영기법을 마무리해 전파할 수 있는 기회를 잡은 셈이었다. 결과적으로 수지가 맞은 거다. 당시 나에겐 큰 경험이었고 직장생활의 큰 자산이 됐다.

이후 SK가스에서 5년 정도 있다가, SK텔레콤으로 옮겼다. 당시 SK텔레콤으로 옮긴 것 역시 큰 기회였다. 당시 호출기 012 가입자가 350만~400만 명 될 때였다. 015가 400만 명으로 시장을 50 대 50으로 양분하던 시절이었다. 남이 하던 일을 이어받아 하는 게 아니라 새로운 도화지에 새 그림을 그리는 일이어서 정말 신나게 일했다. 당시 SK가 한국이동통신을 인수해 과감히 기술도 개발하고 CDMA(코드분할다중접속)도 밀어붙였다. 세계 어디에서도 CDMA 기술을 베껴올 수 없었을 때다. 그때는 매일 아침 7시에 출근해 새벽 2시에 퇴근했다.

(힘들지는 않았냐는 질문에) SK에서만 이 모든 것을 해낸 것이라는 자부심이 대단했다. 1996~97년도 당시에 CDMA가 새로 나왔을 때는, 직원들과 같이 야전 침대를 사서 사무실에 놓고 지냈다. 새벽에 자고 아침에 회의하는 식이었다. 일주일에 반은 그랬다.

Q 경영 스타일과 사장님만의 장점에는 무엇이 있을까요?

A 나의 장점은 머리가 뛰어난 것도 아니고, 뭔가 맡겨주면 전심전력을 다하는……. 나는 아직 내 장점에 대해 답을 안 했다. 묻지를 않으니까……. (좌중 웃음) 솔직히 욕심이 없다. 정말 욕심 안 낸다. 내 재물을 헛되이 한 사람도 원망하지 않으려고 한다.

10년 전에 친구한테 돈을 빌려줬다. 2천만 원 정도였다. 마누라 몰래 대출해 빌려줬는데, 이 친구가 못 갚고 말았다. 당시 나한테는 큰돈이었다. 그래도 원망하지 않았다. 나름대로 사정이 있으려니 했다.

사장이 되면 직원들에게 비전을 줘야 한다. 말로써만 주는 게 아니라 가시적으로 2~3년 지나면 뭔가를 보여줄 수 있는 구체적인 것으로 말이다. 특히 퍼스펙티브perspective 하게 본다고 해야 하나, 조감적으로 보는 능력을 갖고 모든 사업에 접근해야 된다. 그런 면에서 나는 좀 부족한 것 같다. 여기에 추진력이 필요하다. 정열과 열정이 없으면 안 된다.

비전을 갖고 추진하는 데 또 필요한 것이 매니지먼트다. 그런데 사장이라는 건 혼자 하는 게 아니다. 내가 없어도 우리 공장은 돌아간다. 시스템에 의해 관리하기 때문이다. 그래서 중요한 게 인재다. 조직에서 칼같이 일하는 사람도 인재지만 일을 실천할 수 있는 사람, 또 그런 사람한테 일을 시킬 수 있는 사람, 그리고 그런 사람을 키워온 사람 등이 모두 인재다.

난 사장이지만 솔선수범을 강조한다. 윗사람이 나서서 모범을 보이고 조심해야 된다는 거다. 예를 들자면 술이나 여자도 조심해야 한다. 술이나 여자 문제로 인생 망친 사람들이 많다. 돈 문제 역시 마찬가지다. 이런 말 하면 뭣하지만, 내 손으로 직원을 감옥에 보냈다. 그곳에서 2년 살았는데 이제 나왔는지도 모른다. 이런 부분들도 우리 후배나 부하직원들이 알아야 한다.

골프도 예외일 수 없다. 적당한 선을 지켜야 한다. 한창 불붙으면 눈에 골프만 보인다. 그러면 자기 돈으로 가겠나. 뭔가 엮고, 끼고 하게 마련이다. 내 부하직원 가운데 그런 사람이 있었다. 그래서 관계사로 이동시켰다. 나중에 공을 세워 최근엔 한 조직을 맡기기도 했지만……

(후배 직장인을 보면 CEO나 임원감이 보이냐는 질문에) 분명히 보인다. 이런 사람은 어느 정도 오르겠다 싶은 생각까지 든다. 참 안타까운 사람들도 있다. 그래도 티내면 안 된다. 부작용이 있을 수도 있으니 말이다. 솔직히 SK 사장 정도 되면 돈도 있고 권한도 있어 임원들 줄 세우기 좋다. 맘에 드는 놈은 매일 불러주고, 싫은 놈은 쳐다보지도 않고…… 그러면 안 되지 않는가. 나도 불러주지 않아서 눈물 흘린 적 있었으니 말이다. (웃음) 저 놈이 이쁜 놈이다 싶으면, 더 부르지 말아야 된다.

Q　인생의 스승은 누구라고 생각하십니까?

A　처음 직장을 선택할 때 고민을 많이 했다. 그때 만난 사람이 대한석유공사, 당시 부산 지사에 계셨던 황두열 대리(현 한국석유공사 사장)다. 그분이 내게 일단 다녀보다가 은행 가도 되니까 입사하라고 권했다. 그분은 입사 후 두 번이나 내 직속상관이 되었다. 그분에게 많은 가르침을 받았다. 최종현 선대 회장도 빼놓을 수 없는 분이다. 61개월간 사장실에 있으면서 많이 뵙기도 했고, 내가 미국에서 공부할 수 있도록 보내주신 분이기도 하다. SKMS 기법을 같이 개발하고 1989년에는 SUPEX(인간이 도달할 수 있는 최고의 수준) 개념을 만들면

서 배울 기회가 많았다.

또 한 사람을 꼽자면 이봉환 전 상무다. 아랫사람 대하는 태도는 대부분 그분에게서 배웠다. 황두열 사장과 조원재 사장도 이봉환 전 상무 밑에서 배웠다. 그리고 친한 친구인 부산상고 동기인 이성태(한국은행 총재)에게서도 배울 점이 많았다. 그는 서울대 상대를 수석 입학했을 정도로 공부도 잘했고 안목을 가진 위인이다.

(부하직원들을 어떻게 대하냐는 질문에) 후배들 입장에서 생각하려고 노력한다. 상사가 아랫사람 입장에서 항상 생각해주면 큰 문제가 생기지 않는다. 내가 신입사원 때 엄청 큰 사고를 낸 적이 있었다. 차를 몰고 가다가 사고가 났는데, 입사 동기 가운데 하나가 그 사고로 목숨을 잃었다. 그때 어찌나 겁이 나고 덜덜 떨리던지……. 당시 황두열, 조원재 과장이 뛰어나왔다. 그때 같이 나온 지 사장이 와서 자기 차에 나를 딱 앉히고 괜찮냐고 하면서 점퍼를 입혀주더라. 주위 사람들한테 이번 사고에 대해 이러쿵저러쿵하는 사람들은 가만 안 둘 거라고 했다. 지 사장은 집에 있는 회사 직원들의 가족들을 생각했던 것이었다. 사고 났다고 소문 퍼지면, 나중에 자기 남편 늦게 들어올 때마다 다 사고 난 줄 알 테니 말이다. 그렇게 배려를 하더라. 정말 쉽지 않은 일이다.

Q　인생의 좌우명은 무엇입니까?

A　교회에 다니다 보니까 성경구절을 많이 외운다. 거의 200구절 정도 되는데 그 가운데 제일 좋아하는 구절이 빌립보서 2장 3~5절

말씀이다. 그리고 내 좌우명이기도 하다. (신 사장은 곧바로 외웠다.) "아무 일에든지 다툼이나 허영으로 하지 말고 오직 겸손한 마음으로 각각 자기보다 남을 낫게 여기고, 각각 자기 일을 돌아볼뿐더러 또한 각각 다른 사람들의 일을 돌아보아 나의 기쁨을 충만케 하라……."

옛 사람들 말 가운데 맘에 새기고 있는 게 많다. 내 사무실에 오면 볼 수 있다. 천자문에서 발췌한 건데, 조순 사외이사께서 직접 써주신 거다. '내 천/흐를 유/아니 불/쉴 식/연못 연/맑은 징/취할 취/그림자 영(川流不息 淵澄取暎)' 사람의 학덕, 인품, 지식 등을 끊임없이 갈고 닦으면 기품도 어우러지고 맛도 배어나오면서 세상을 판단하게 된다는 뜻이다.

(성경구절 등을 잘 왼다는 지적에) 그냥 옛사람의 풍류를 생각하며 외운다. (신 사장은 흥에 겨운 듯, 송강 정철의 시조를 읊조렸다.)

"재 너머 성권농 집의 술 익단 말 어제 듣고 누운 소 발로 박차 언치 놓아 지즐 타고, 아이야 네 권농 계시냐 정 좌수 왔다 하여라."

얼마나 운치 있는가. 또 좋아하는 시로는 조지훈의 '승무'가 있다. (신 사장은 '승무'도 연이어 읊조렸다.)

신헌철 사장이 마라톤을 시작하게 된 사연은 길다. 1996년부터 과로로 인해 시작된 퇴행성 관절염이 계기가 됐다. 1998년부터는 병원에 다녔다. 계단을 오르내릴 때마다 난간을 잡고 다녀야 할 정도였다. 출근하는 신 사장을 보면서 신 사장의 부인은 눈물도 많이 흘렸다고 한다. 신 사장은 완치를 위해 운동, 약, 갖가지 치료 등 좋다는 건 빼놓지 않았다. 헬스클럽에서 자전거 타기는 365일 매일 한다는 각오로 365회, 서른셋 나이에 돌아가신 아버지를 생각하며 스트레칭은 33회를 했다. 그러던 중 2001년 유니세프(유엔아동기금)가 주최한 국제아동돕기 행사에서 한국암웨이의 김희진 부사장을 만나면서 마라톤을 시작하게 되었다. 역설적으로 퇴행성 관절염에는 마라톤이 좋다는 얘기에 귀가 솔깃해진 것이다. 그 해부터 마라톤을 하기로 마음먹은 신 사장은 맹연습을 시작했다. 처음엔 3.6킬로미터 정도를 45분에 뛰었다. 하프코스를 뛰어보라는 권유에 7.2킬로미터, 다음에는 왕복 두 차례로 15킬로미터를 연습했다.

신 사장은 곧바로 모 신문사에서 주최하는 마라톤 풀코스 대회에 도전했다. 걸어서라도 들어오자는 심사였다. 첫 완주 기록은 4시간 39분. 신기하게 다리의 통증이 없어졌다. 이후 마라톤은 신 사장과 떼려야 뗄 수 없는 운동이 됐다. 신 사장에게 마라톤은 단지 운동이 아닌 특별한 의미의 그 무언가가 된 것이다. 신 사장은 마라톤과 경영에서 큰 공통점을 발견했다. 바로 어느 누구도 도와주지 않는다는 사실이다.

"마라톤이든 경영이든 처음부터 끝까지 혼자서 다 해내야 합니다. 실행에 옮기면서 마무리까지 모든 것이 자신의 책임이지요. 어느 한 사람도 대신 해줄 수는 없습니다. 마라톤도 그렇고 경영도 마찬가지입니다."

이제 마라톤은 신 사장의 호흡과 철학이 어우러진 운동이 됐다. 신 사장이 마라톤을 뛸 때의 자세를 보면 짐작할 수 있다. 흐트러짐 없는 단정한 자세, 팔의 앞뒤 스트로크나 보폭 등도 일정하다. 마치 신 사장의 생활습관과 경영 스타일을 그대로 보여주는 듯하다.

Style 2

1955년, 신헌철 사장에겐 잊을 수 없는 해다. 포항과 울릉도를 오가며 배를 탔던 신 사장의 부친이 갑자기 돌아가신 해이기 때문이다. 그때가 신 사장에게 가장 어려운 삶의 고비였다. 당시 신 사장은 나이는 여덟 살. 지금도 아버지를 떠올리면 눈시울을 붉힌다. 당연히 유년시절은 불우했다. 20대 후반의 젊은 어머니가 생계를 책임져야 했기 때문이다. 남동생인 우철 씨는 당시 여섯 살이었고 여동생 홍란 씨는 돌잔치를 하기도 전이었다. 당시 남은 건 시골집과 밭 여덟 마지기가 전부였다.

신 사장은 하숙집을 하던 어머니를 돕기 위해 여객터미널을 오가며 호객행위를 했다. 손님을 모셔오다 중간에 여관으로 손님을 뺏기면 한숨을 쉬곤 했다. 이후 어머니와 함께 부산 해운대로 이사를 했다. 어머니와 행상을 하기 위해서다. 신 사장의 유년은 그랬다. 가난 때문에 신 사장은 인문계를 포기하고 부산상고에 입학했다. 장학제도 때문이었다. 은행원의 꿈을 안고 공부를 시작했다. 하지만 방학 때는 아이스크림 장사를 해야 할 정도로 형편은 계속 어려웠다. 대학은 서울대를 목표로 했다. 아쉽게도 1964년 서울상대에 떨어지고 부산시립도서관에서 혼자 공부를 했다. 이듬해 또 낙방했다. 결국 삼수를 하고 나서야 1966년 부산대학교에 들어갔다. 그러나 신 사장은 결코 좌절하거나 포기하지 않았다. 오히려 해병대에 입대했다. 자신을 다잡기 위해서다. 육군보다 2개월 짧았던 복무기간도 한몫했다. 하지만 신 사장의 고난은 여기서 끝나지 않았다. 제대를 4개월 앞둔 1968년 초, 북한의 김신조가 청와대를 습격하면서 복무기간이 무기한 연장된 것이다. 결국 예정기간인 26개월보다 7개월 많은 33개월이 지나서야 제대를 했다. 제대 후 고시도 생각했지만 형편상 취직을 했다.

아버지의 죽음, 가난, 삼수, 해병대, 군복무 연장……. 어쩌면 일찍 여읜 아버지로 인해 신 사장의 고난이 커진 것으로 여길 수도 있지만, 신 사장은 원망이나 그리움을 넘어 또 하나의 교훈으로 삼았다.

"정말 죄스러운 얘기지만, 아버지께서 일찍 돌아가시지 않았다면 저는 훨씬 유별나고 나쁜 짓도 많이 했을지도 모릅니다. 그때의 고생이 저에게 큰 밑거름이 된 셈이죠. 그때 처음으로 교회에도 갔습니다. 너무 어렵게 살아서 그런지 남을 돕고자 하는 마음도 간절해지더군요."

SK에너지와 신헌철

　　신헌철 사장의 지인들은 "신헌철을 알게 되면 영원한 '신헌철 맨'이 된다"는 말을 한다. 그의 따뜻한 성품과 사람에 대한 진정성을 인정하기 때문이다.

　　직원들을 대하는 태도에서 그의 경영 스타일을 엿볼 수 있다. 그는 대표이사 취임 후 모범사원들에게 칭찬과 격려를 아끼지 않는 '입의 방문', CEO 창을 통해 수시로 마음을 전달하는 '손의 방문', 현장에서 직원을 만나는 '발의 방문'을 실천하고 있다.

　　겉으로 온화하고 소탈해 보이지만, 업무만큼은 지독할 정도로 열정을 쏟는다. SK와 SK가스 등을 떠나 1995년 SK텔레콤(당시 한국이동통신)으로 자리를 옮겼을 때는 생소한 사업 환경에 적응하기 위해 사무실에 야전침대를 갖다 놓고 일할 정도였다.

　　신 사장은 '마라톤 CEO'로도 유명하다. 지난 1998년 퇴행성 관절염을 앓고 있던 그는 마라톤 예찬론을 듣고, 곧바로 연습에 들어가 그해 10월 동아마라톤대회 풀코스를 완주해 주위를 놀라게 했다. 또 2007년에는 62세 나이로 국내에서 개최한 국제마라톤대회에 출전해 3시간 57분 13초에 완주, 보스턴마라톤대회 출전권을 따내기도 했다.

　　신 사장은 SK에너지 대표이사로 취임하면서 회사의 양적 질적 성장에 큰 기여를 했다는 평가를 받고 있다. 부임 직전 2003년 SK에너지는 매출 13조8천억 원, 순이익 152억 원의 회사에 불과했다. 그러나 2007년 말 기준 SK에너지 위상은 매출 27조7천919억 원, 영업이익 1조4천844억 원의 초우량 기업으로 변신했다.

　　이밖에 인천정유 인수, 지주회사 출범, 이사회 중심경영의 강화 등 굵직굵직한 경영현안 중심의 경영은 신 사장 손을 거치지 않은 것이 없을 정도다.

지치지 않는 현장주의자

_신재철 LG CNS 사장

신재철 사장은 1947년 8월 서울에서 태어났다. 서울에서 태어났지만 본적은 인천이다. 1970년 서울대 전기공학과를 졸업했다. 졸업 1년 전인 1969년 동해전력에 입사해 사회생활을 시작했다. 4년 후인 1973년에는 한국IBM 영업사원으로 자리를 옮겼다. 1996년 대표이사 사장에 올랐고 2004년 사임할 때까지 30년 이상 한국IBM에서 일했다. 이후 공백기를 거쳐 2006년 3월 LG CNS 대표이사 사장에 올랐다.

조직은 여러 사람의 꿈을 안고 가는
생명체인 동시에 서로를 끊임없이 평가하는 냉혹한 전쟁터다.
어떤 일을 맡았으면 자신의 모든 것을 걸어서
확실한 부가가치를 내야 한다!

쓸 만한 얘깃거리가 나올까. 괜히 모셨다가 '바른 말 고운 말' 만 듣는 것은 아닐까. 신재철 사장을 섭외하기 전에 적잖은 논란이 있었다. '비포장도로' 한 번 달려보지 않은 듯한 순탄한 경력, 30년이 넘는 외국 기업 생활, 반듯한 신사 이미지…… 아무리 생각해도 화끈한 얘기가 나올 것 같지 않았다. 그래도 뭔가 있겠지, 대기업 CEO인데…… 섭외는 어렵게 결정됐다. 그리고 며칠 뒤 서울 중림동 뒷골목 고깃집에서 신 사장과 만났다. '이런, 잘못 모셨구만' '고속도로만 달린 세단 아냐' '얘기 꺼내려면 밤을 꼬박 새야겠는걸', 기자들이 받은 첫인상은 아무튼 그랬다. 그런데 술이 오르자 달라졌다. '아니네' 라는 생각이 들기 시작했다. 60년 동안 술을 마셨지만 마시고 의식을 잃었던 건 단 두 차례뿐이라는 신 사장. 이날은 얼마나 마셨을까. 과연 취했을까. 신 사장과의 4시간 취중토크 속으로 들어가보자.

Q 사장님의 성격, 그리고 직장생활에 대해 총평하신다면요?

A 사생활 까발리는 것은 잘 안 한다. 난 그거 딱 질색이다. 기자들이랑 얘기하면 사담이고 농담이고 진담이고 없이 다 나온다.

술은 젊었을 때 좋아했다. 젊었을 때 딱 두 번 필름 끊긴 적이 있다. 한 번은 울산 동해전력에 있을 때였다. 눈이 막 쏟아지는 날이었는데 엄청 마셨다. 완전히 떡이 되어 집으로 가는 길에 넘어졌다. 그런데 바닥이 따뜻하더라. 순간 생각했다. '아, 이래서 술 마시고 얼어 죽는구나.' 또 한 번은 큰처남이랑 마셨는데 빈속에 진토닉을 계속 부었다가 완전히 갔다. 그때 장모님한테 얼마나 혼났는지. 당신 딸 과부 만들까 봐 걱정하신 게다.

담배는 예전에 참 많이 피웠다. 하루 세 갑 피웠나. 참 깊게 빨아들이는 타입이었다. 그러다 보니 죽겠더라. 술 좋아했지, 담배 많이 피웠지, 둘 중 하나는 끊어야겠는데 술을 끊으면 인생이 재미없을 것 같아 담배를 끊었다. 1982년이었나 보다. 시가도 한때 많이 피웠다. 시가는 연기를 빨아들이는 게 아니라 뻐끔거리면서 침을 마시는, 한 마디로 침 맛이다. 지금도 담배 피우는 사람 옆에서 연기를 맡아도 나쁘지 않다. 다시 피워버릴까?

직장은 세 곳을 옮겨다녔다. 첫 직장인 동해전력은 돈을 많이 줬다. 다른 곳보다 40~50퍼센트 더 줬다. 이게 뭐냐면 한국전력을 민영화하려고 경인전력, 호남전력, 동해전력 이렇게 세 곳을 전략적으로 만들었다. 민전을 육성하려는 정책이었다.

1972년도인가. 정책이 바뀌었는지 동해전력이 한전에 흡수돼 버렸다. 마침 적성도 안 맞는 것 같고 해서 '에라~ 튀자' 그래서 나왔다. 그래서 IBM에 갔는데 한국IBM이 1967년에 생겼으니 내가 들어갔을 때 여든세 번째 입사인가 그랬다. 우리 앞 기수에서 많이 뽑았다. 그때 입사 동기들 가운데 한 명은 돌아갔고, 한 명은 은퇴하고 일본에서 살고 있다. 친구들은 거의 다 은퇴했다. 나는 인생에 대해 무척 감사하며 살고 있다.

당시 한국IBM의 주요 사업은 메인 프레임이었다. 내가 동해전력에서 발전소 건설, 관리, 인수 쪽에서 일했는데 많이 다른 게 아니라 완전히 달랐다. 자세한 기억은 없지만 월급도 동해전력보다 많이 줬다. 그러고 보니 나는 월급쟁이 생활 정말 오래 했다. 1969년 10월부터 월급을 받았으니 공백기 1년을 빼면 38년 가까이 월급쟁이를 했다. 동해전력은 아주 전형적인 전력회사였다. 그때부터 지멘스(독일 업체)와 거래를 했는데, 참 많이 배웠다. 그런데 전력이 슬로 인더스트리(느린 산업)라 변화는 크게 없었다. 하지만 IT(정보기술) 분야는 변화가 정말 많고 빠르다. 외국계 기업인 IBM과 국내 대기업인 LG CNS에는 확실한 장단점이 있다. 차이가 눈에 보인다. IBM은 하나의 운영 모델을 갖고 전 세계 지사에 그걸 요구하는 글로벌 컴퍼니(다국적 기업)다. 뉴욕 증시에 상장한 글로벌 컴퍼니 대부분이 엄청난 분기 퍼포먼스(실적)를 보여줘야 하는 것이다. 전략은 둘째치고 이번 분기에 당장 실적을 보여야 한다. 이런 문화가 기업에 상당한 장점이 될 수도 있다. 물론 단점도 있다. 반면 LG CNS는 상당히 중·장기적이다.

Q　영어는 어떻게 익혔나요? 가족에 대해서도 말씀해주시지요.

A　영어는 살기 위해 했다. 내 주장이 뭐냐 하면 '안 하면 죽는다'라고 생각하면 사람들이 다 잘 하게 돼 있다는 거다. 항상 직원들에게 하는 말이 '실력을 길러라' 다. 실력이 있으면 배짱 좋게 사는

거고 실력이 없으면 완전히 눈치 보며 사는 거다. 남이 지시하는 대로 사는 거다. 또한 자기 분야에서 톱이 되는 것이 가장 큰 실력이다. 난 내가 뭘 맡든 톱이 되려고 노력하는 타입이다. 그래서 내가 늘 하는 말이, "자신이 좋아하는 분야에 가라, 종일 일해도 지치지 않을 정도로 좋아하는 곳으로 가라"다. 목구멍이 포도청이라고 돈 좀 벌겠다고 아무 데나 가서 일하다 보면 정말 인생 피곤하다. 희열을 느끼면서 일해야 하는 것 아닌가.

가족 얘기는 비밀이다. 내가 애를 좀 늦게 봤다. 큰애가 스물아홉, 막내가 스물다섯이다. 결혼은 서른에 했는데 애를 서른셋에 낳았나. 그 당시에는 늦은 거였다. 애들은 모두 결혼을 안 했다. 나는 아이들에 대해 방임하는데 아내가 그러면 안 된다고 한다. 그러나 나는 아이들이 어떤 바운더리(경계)를 크게 벗어나진 않을 것이라고 믿는다. 내가 행동을 제대로 하면 그게 가정교육 아닐까.

요즘 알파걸이 유행한다더라. 그거 좋다. 그런데 알파걸이 이중적인 면을 갖췄으면 좋겠다. 직장에선 알파걸이고, 집에선 트래디셔널(전통적) 하고. 주례를 볼 때 항상 말하는 게 가정의 행복은 평화라고 하는데 알파걸 모드를 가정까지 가져가면 좀 그럴 것 같다는 게 개인적 생각이다. 아내로서, 엄마로서, 직장인으로서 다 하려면 사회 인프라가 있어야 한다. 기업인으로서 책임감이 있지만 기업이 그걸 다 하기엔 너무 힘들다.

우리 가족도 일주일에 한 번쯤 밥을 같이 먹나? 사실 그것도 쉽지 않다. 만회가 잘 안 된다. 균형 맞추는 게 힘들다. 직원들에게 일과

생활의 밸런스를 강조한다. 직원들에겐 연월차 확실히 챙기라고 한다. 나 역시 작년만 해도 2주 다 썼다. 내가 먼저 보여줘야 먹히지 말만 하면 안 된다.

Q 유년시절은 어떠셨나요?

A 서울에서 태어났는데 6·25전쟁이 났다. 피난을 가지 않았는데 1·4후퇴 때 도저히 안 되겠더라. 그때 외할머니가 초등학교 교장 선생님이셨는데 교육공무원들 피난 가는 데 끼어서 제주도로 갔다. 참 희한한 게 아주 어렸을 때, 대여섯 살 때인데도 제주도 생활에 대한 기억이 난다. 똥돼지 기억도 나고 조밥 먹기 싫어서 진저리치던 기억도 난다. 지금도 조밥은 안 먹는다. 갈치도 안 먹는다. 그거 아는지 모르겠네. 갈치가 사람을 먹는다는 사실. 어렸을 때 갈치 배를 갈랐는데 손가락이 나왔다. 그래서 갈치 안 먹는다. 어릴 때 쇼크 있으면 좋지 않다. 거기서 살다가 서울로 돌아왔더니 행당동 집이 폭격을 당한 거다. 그래서 외할아버지 집으로 갔는데 그곳이 인천시 부평이다.

초등학교 때부터 인천에서 다녔다. 대학 때는 기숙사에서 살았다. 당시엔 공릉동에 육사와 서울여대 옆에 서울공대가 있었다. 초등학교 때 담임인 김진화 선생님을 존경했다. 3년 동안 맞아가면서 배웠다. 또 불이익을 감수하며 자신의 뜻을 펼치는 선생님의 행동이 어린 나에게도 보였다. 그래서 난 실제로 같이 생활해보지 않은 사람을 존경한다고 하지 않는다. 100미터 밖에서 대단해 보이는 것은 의미가 없다.

공대 입학한 계기는 어릴 때부터 수학을 좋아했던 영향이 크다. 그때는 수학 잘하면 공대 갔다. 안 풀리는 수학 문제 한나절 동안 붙들고 어떻게든 풀어냈다. 그게 논리력과 상상력을 크게 키운다. 사방을 찔러보는 거다. 전공은 선배가 전기공학과가 좋다고 해서 뭔지도 모르고 갔다. 난 사실 수학선생님을 하면 좋을 것 같다고 생각을 했다. 본적은 서울이고 주소가 인천이었는데 대학교 3학년이 되니까 군대 입영장이 나왔다. 영장이 그때는 본적지로 나왔다. 그런데 본적지에 아는 사람은 아무도 없고 또 2주 안에 안 하면 기피자가 되는지라 본적을 인천으로 옮겼다.

Q 초고속 승진은 물론 사장 자리에도 오래 계셨는데 그 성공 비결은 무엇인가요?

A 임원이 되기 전까진 편하더라. 일만 하면 되니 말이다. 그런데 40세 때 영업총괄전무가 됐는데 무척 힘들었다. 밑에 있는 임원들이 한 명 빼놓고 다 나보다 5~8년 선배야. 이런 관계는 1980년대엔 없는 모델이었다. 진짜 힘들더라. 하지만 공은 공이고 사는 사니까 사석에서는 선배고 업무에선 지시를 했다. 글쎄, 무슨 이유로 날 따랐는지 모르겠지만 어쨌든 잘 넘어갔다. 뭔가

있다기보다 인간관계에서 특별한 룰은 없는 것 같다. 자신의 룰에 맞게 자기 스타일을 가지고 최선을 다하면 되는 거다.

또 조직이란 건 끊임없이 서로를 평가하게 마련이다. 각자 의미 있는 부가가치를 내지 않으면 안 된다. 미국인, 인도인, 독일인 등과 일할 때도 특별한 룰이 없더라. 이 사람 다르고 저 사람 다르기 때문이다. 센서티브(섬세)하게 이해하면서도 무섭게 일을 챙겨야 하는 게 룰이라면 룰이다. 물론 서로 기본적인 믿음이 있어야 한다. 그렇게 몇 달 힘들었는데 잘 넘어가더라.

사장은 IBM에서 8년가량 했고 LG CNS에서 1년 좀 넘었다. 용인술이 한 가지만 있는 것은 아닌 것 같다. 시시각각 변한다. 사람을 이끈다는 게 참 어렵다. 될 사람에겐 베팅하고 안 될 거 같으면 과감히 접는다. 이 사람이 하는 것은 된다, 이런 확신을 사람들에게 줘야 하기 때문에 일에 베팅할 때 선택을 잘 해야 된다. 조직 내에서 '이 친구가 하면 되겠다, 퍼포먼스를 올릴 수 있겠다' 하는 믿음을 줘야 한다. 동기를 부여하고 모든 직원이 한마음으로 뛸 수 있는 환경과 비전을 줘야 한다.

조직은 눈에 보이게 성장할 때 가장 보람이 있다. 조직이란 게 사실은 여러 사람의 꿈을 안고 가는 것이다. 조직이라는 건 생명체라서 성장이 없는 생명체는 피곤하다. 의미 있게 조직을 리드하는 사람, 그러나 조직을 모르고 겉도는 사람이 너무 많다. 이런 사람은 참 위험하다. 난 항상 현장에 가서 귀동냥하고 보기 때문에 보인다. 현장이 핵심인 셈이다. 현장주의자를 좋아한다. 모든 문제와 해결책이 거기 있다. 현장에 가면 전체가 보인다. 그래서 나는 현장 운영을 철저히 믿는 사람이다. 일선이 강하면 회사가 강하다. 일선이 강하지 않고 관리자가 강하면 문제가 된다.

Q

A IBM에서 일할 때 그랬다. 정말 많이 탔다. 인생에서 가장 힘들 때였다. 일본에 있을 때 2년 반 동안 26개 국가 헤드쿼터를 다 돌았다. 굉장히 피곤했다. 큰 나라는 1년에 네 차례, 작은 나라는 한두 차례, 그 사이사이에 미국은 열 차례 정도 갔다 왔다. 일주일에 하루 정도 사무실에 있고 나머지는 다 출장이었다. 미국인들은 참 강하다. 아침에 밤 비행기로 호주에 내리고 안 자고 바로 나와서 일한다. 우리는 한잠 자고 나왔으면 좋겠는데, 가는 곳마다 연설하고 인터뷰하고 그랬다.

미국계 기업은 아랫사람들이 준비해주지 않는다. 내가 다 해야 된다. 그렇게 며칠 일 끝나면 바로 싱가포르로 넘어온다. 그런데 또 밤 비행기라 아침에 샤워하고 나와서 바로 일해야 했다. 동양 사람들은 일정 끝나면 주말에 지쳐서 쓰러지고 자다가 낮 비행기 타고 가는데 서양 사람들은 주말에 가족과 함께 보내려고 밤 비행기로 간다.

매형이 파일럿인데 비행시간을 따져보니까 내가 더 많더라. 그땐 참 힘들었다. 그런데 사람 몸이란 게 정말 신비롭다. 마음먹고 적응하기 나름이더라. 내가 자야겠다 하면 자고 아니면 깨 있다. 뉴욕까지 갈 때 자야겠다 맘먹으면 도착할 때까지 자다가 바로 깨고, 자지 말아야겠다 하고 책을 읽으면 한잠도 안 잔다. 정말 인간에게서는 무한한 힘이 나오는 것 같다. 그런 무한한 능력을 조직원들에게서 끌어내려면 모티베이션(동기화)이 중요하다.

나는 스트레스를 잘 받지 않는 타입이다. 논리는 간단하다. 자신 없는 건 안 하고, 할 수 있는 것만 한다. 중요한 일이라 생각하면 준비를 굉장히 많이 한다.

개인적으로 큰 어려움이 없는 순탄한 인생이었다. 그런 면에서 복 받은 인생이다. 사실 회사 일이 어려운 거다. 얘기는 잘 안 하지만 IBM 나올 때 좀 힘들었다. 직원들의 불법행위가 있어서 내가 도의적 책임을 지고 나왔기 때문이다. IT 서비스 분야에서는 항상 컴플레인(민원)이 많이 들어온다. 그래서 확실한 부가가치를 낼 수 있을 때가 아니면 안 한다. 불가능한 일에 손을 대지 않는 정도가 아니라 내가 확실히 할 수 있는 일이 아니면 손대지 않을 수밖에……. CNS 올 때도 그랬다. 내가 확실하고도 분명하게 할 수 있을 것 같았다. 그뿐이다.

"신뢰를 쌓는 데에는 여러 해가 걸려도, 무너지는 데에는 순식간이라는 것을 배웠다. 또한 다른 사람들로 하여금 나를 사랑하게 만들 수 없다는 것을 나는 배웠다. 내가 할 수 있는 일이 있다면 사랑받을 만한 사람이 되는 것뿐이다. 그리고 또 나는 배웠다. 인생은 무슨 사건이 일어났는가에 달린 게 아니라, 일어난 사건에 어떻게 대처하느냐에 달려 있다는 것을 말이다. 어떤 것을 아무리 얇게 벗겨낸다 해도 거기에는 언제나 앞면과 뒷면이 있다는 것을 배웠다."(오마르 워싱턴의 시 〈나는 배웠다〉 중에서)

신재철 사장이 늘 되뇌는 시다. '38년 월급쟁이'인 그가 이 시에 끌린 이유는 무엇일까. 신 사장은 나이가 들면서 일상의 소소한 지혜와 너그러움을 담은 이 시에 매료됐다고 한다. 그는 후배 직장인들에게 들려주고 싶다며 몇 구절 암송했다.

"나의 행동을 통해서 다른 사람이 나를 좋아하게 해야지 행동을 시원찮게 해놓고 남이 나를 좋아하게 하는 것은 불가능합니다. 그래서 정직하게 사는 것이 가장 편하게 사는 방법이란 걸 배웠지요. 이 시에는 제 인생철학이 담겨 있습니다. 아무리 얇게 벗겨도 앞면과 뒷면이 있다는 표현도 대단하지 않습니까. 모든 사람과 사물엔 양면이 있어요. 절대로 부정하면 안 됩니다. 여러분도 양면을 다 보는 넓은 시야를 가져야 합니다."

그는 당장 30대로 돌아간다면 생명과학에 전념해보고 싶다고 했다. 은퇴 후엔 자연을 대상으로 하는 비즈니스를 해볼 셈이란다. 하지만 손에 직접 흙은 묻히기 싫다나. 그래서 생각해낸 것이 '농사 로봇'이라고 했다. 또 LG CNS가 농사 로봇 시스템을 개발할 수도 있지 않겠느냐고 했다.

"건강한 노동이 삶을 지배하도록 하는 것이 가장 좋습니다. 제가 1년 쉬어봐서 아는데 바쁜 와중에 짬을 내서 노는 게 재밌지, 놀기만 하면 정말 재미없는 인생이죠."

그는 스트레스를 받을 때 플루트를 분다. 플루트는 2년 전에 배웠다. 욕심 같아선 바이올린과 색소폰도 배우고 싶었지만 아파트에서는 도저히 안 될 것 같아 포기했다고. 플루트는 아름다운 소리를 내지만 소리를 내는 것 자체가 어려운 악기라면서 후배 직장인들에게도 끊임없는 자기계발을 권했다.

CEO & COMPANY

LG CNS와 신재철

신재철 사장은 36년 동안 IT회사에서 근무한 업계 최고 베테랑이다. 신 사장은 2006년 LG CNS로 자리를 옮긴 첫해 매출 16퍼센트, 영업이익 31퍼센트씩 신장시키며 단숨에 자신의 진가를 발휘했다. 신 사장은 2007년 초, 조직혁신에 착수해 회사를 '리딩 글로벌 플레이어'로 도약시키기 위해 과감한 조직구조 개편에 손을 대기 시작했다. 2007년 LG엔시스와 비즈테크엔액티모를 자회사로 편입한 것도 이 같은 맥락이다.

글로벌 컨설팅 역량을 높이기 위해 에드가 던 앤 컴퍼니, 델파이 그룹, 아치스톤 컨설팅, 재블린 전략 리서치 등 분야별 전문 컨설팅 기업과 업무제휴 협약도 맺었다.

업계 '맏형'으로 대기업과 중소기업 간의 상생경영을 전파하는 데도 앞장서고 있다. 2006년 국산 소프트웨어기업 CEO 초청 간담회를 통해 국산 소프트웨어 거래 활성화 방안에 대한 공론화를 비롯, 정보통신부에서 추진 중인 '전자정부 선단형 수출사업'의 국산 소프트웨어 사용비율을 높이기 위해 힘을 쏟고 있다. 현재 진행 중인 인도네시아 경찰청 범죄정보센터 구축사업은 물론, 사내 시스템에도 국산 소프트웨어를 최우선 적용하고 있다.

신 사장은 국내 IT 전문인력 양성에도 남다른 노력을 기울인다. 2006년 16개 협력회사를 대상으로 신입사원 육성과정인 '투게더 런 영 파워'를 개설, 운영 중에 있다. 2008년에 들어서는 협력회사의 직원들을 대상으로 체계적인 전사적자원관리ERP 교육을 위해 '윈윈 프로그램'을 신설, 오라클과 SAP의 ERP 솔루션에 대한 무상교육을 실시하고 있다.

언제나 학생인 선생님

_강영중 대교그룹 회장

강영중 회장은 기업인을 많이 배출한 곳으로 유명한 경남 진주에서 1949년 태어났다. 진주농고를 다니다 서울 서라벌고로 전학했다. 1972년 건국대학교 농화학과를 졸업했다. 1976년 대교그룹의 전신인 한국공문수학연구회를 세웠다. 2003년부터 한국배드민턴협회 회장과 아시아배드민턴연맹 회장을 동시에 맡았으며, 2005년부터는 아시아 세계배드민턴연맹(BWF) 회장직까지 맡고 있다. 스포츠 외교사절로 활약하느라 잠시 경영일선에서 물러났다가 최근 복귀해 대교그룹을 진두지휘하고 있다.

단순한 지식을 배우는 데는 교사가 필요 없다.
인터넷만 뒤지면 다 나오는 시대이니 말이다.
얻은 지식으로 어떤 판단을 내릴 수 있느냐,
어떤 생각을 갖게 하느냐가 훨씬 더 중요하다!

한국에서 가장 많은 제자를 둔 사람은 누구일까. 정답은 국내 최대 교육기업인 대교그룹의 강영중 회장이다. 2007년 현재 대교의 학습지 회원수는 230만 명. 지난 30여 년간 대교를 거쳐간 회원들을 모두 합치면 1천만 명이 넘는다. 한국인 다섯 명 가운데 한 명이 강 회장의 '제자'인 셈이다. 그는 대학 졸업 후 생계 때문에 시작한 과외방을 연 매출 8천350억 원의 거대 기업으로 성장시킨 자수성가형 CEO다. 동시에 한국배드민턴협회와 세계배드민턴연맹(BWF) 회장을 겸하고 있는 스포츠계의 거물이기도 하다.

어렵사리 시간을 낸 강 회장과 서울 중림동에 있는 한 고깃집에서 만났다. 옆집 아저씨와 같은 소탈한 인상, 진한 경상도 사투리…… 깔끔한 CEO의 모습과는 영 딴판이었다. 하지만 술잔을 부딪치며 털어놓는 강 회장의 인생 역정을 듣다 보니 '이 사람이 교육계와 스포츠계를 어떻게 주무를 수 있었는가'에 대한 답이 보이는 듯했다. 4시간여에 걸친 강 회장과의 '노변정담' 속으로 들어가보자.

Q 주량은 어느 정도 되십니까?

A (기자들에게 일일이 술잔을 채워준 다음, 자신 앞에 놓인 맥주잔에 얼음을 가득 넣고 소주를 따른다.) 요즘 도수 낮은 소주가 유행인데 사실은

내가 원조다. 독한 소주를 조금이라도 순하게 마셔야겠다고 생각해 '위스키 온더록'을 '소주 온더록'으로 바꾸었다. 예전에는 소주를 좋아해서 많이 먹었다. 1988년 노사분규가 해결된 후 단합대회를 갔을 때는 하루 저녁에 스물여덟 병을 마신 적도 있다. 지금은 나이가 들어 조금씩만 마시지만 말이다.

몇 년 전부터 와인에도 재미를 붙였다. 배드민턴협회 일 때문에 자주 해외 출장을 가는데 와인을 모르면 안 되겠구나 싶은 생각이 들어서다. 외국 친구들은 저녁 식사시간이 보통 4시간인데 그 중 2시간이 와인 얘기다. 좋든 싫든 국제화가 빨라지는 상황이니 CEO들은 와인에 대해서도 잘 알아야 할 것 같다.

일단 와인은 원샷 하면 안 된다. 싱가포르에서 한 병에 500만 원짜리 와인을 원샷 하자고 해 주변 사람들을 놀라게 한 적도 있었다. 칠레 와인이 참 좋다. 괜히 비싼 유럽 와인 먹느니 칠레나 뉴질랜드 호주 와인을 먹는 것이 낫다. 내 입맛에는 '알마비바'라는 칠레 와인이 맞는 것 같다. 알마비바는 오페라 '피가로의 결혼'에 나오는 백작 이름이다. 여러 품종의 포도로 만든 와인을 블랜딩 해서 상당히 부드럽고 풍부하고 깊은 맛이 난다. 한국에서는 와인 값의 거품이 좀 꺼져야 하는데……. 일본만 하더라도 와인이 한국처럼 비싸지 않다.

와인 말고도 CEO 하려면 배울 게 참 많다. 원래 음악은 젬병인데, 요즘에는 오페라와 뮤지컬 즐기는 법을 배우고 있다. 음악적 소양이 필요하다는 생각이 들었기 때문이다. 그 외에 여러 가지 지식들을 배우려고 노력하고 있다. 최고경영자 과정, 노사 과정, 언론 과정 등에 열심히 따라다니면서 배우고 있다. 수료한 과정이 벌써 11가지다. 혹자는 최고경영자 과정에는 알맹이가 없다고도 하지만 내가 아는 것이 부족해서 그런지 어느 과정에서나 귀담아들을 얘기가 나온다.

Q　30년 넘게 교육사업을 한 소회는 어떠신가요?

A　부모들의 생각은 같다. 못 먹고 못 살아도 아이들 공부는 시켜야 된다는 것. 다 그런 어머니들이 계셨으니 그래도 한국이 이만큼 잘 살게 된 것이다. 선생님을 대하는 태도가 달라졌다는 것은 참 안타깝다. 예전에는 군사부일체라고 해서 선생님이면 무조건 존경했다. 요즘에는 선생님을 직업인으로 간주해 '내가 돈을 주니 내 마음대로 하겠다'라고 생각하는 것 같다. 그렇게 생각하면 교육 효과는 더 떨어지는데 안타깝다.

교사들도 학생의 행동을 변화시킬 수 있는 자질을 키우기 위해 노력해야 한다. 단순한 지식을 배우는 데는 교사가 필요 없다. 인터넷만 뒤지면 다 나오는 시대이니 말이다. 얻은 지식으로 어떤 판단을 내릴 수 있느냐, 어떤 생각을 갖게 하느냐가 훨씬 더 중요하다. 생각이나 가치관에 대한 교육이 잘 이뤄지고 못 이뤄지고는 교사의 인성이나 가치관에서 결판이 난다. 이 같은 점을 대교의 경영에도 그대로 적용한다.

일반적으로 교사들이 학습지 회원을 관리할 때 회원 한 사람이 들어오고 한 사람이 빠져 나가면 플러스 마이너스 제로라고 본다. 하지만 나는 예외다. 회원 한 명을 모집하면 교사에게 1점을 주고 반대로 회원이 탈퇴하면 3점을 깎는다. 교사의 학생관리 능력을 중점적으로 챙긴다는 뜻이다. 덕이 있는 교사일수록 그만두겠다는 회원이 적다. 학습지 교사에 대한 교육에 있어서도 지식 전수보다 행동이나 인성 등에 더 중점을 둔다. 교사는 감동을 전해야 한다.

예전에 뮤지컬 '레미제라블' 을 원어로 본 적이 있는데 배우들의 대사는 외국어 능력이 떨어져 못 알아들었다. 하지만 배우들이 전하고자 하는 감정은 생생하게 느낄 수 있었다. 집에 돌아와 관련 자료, 사진을 뒤져본 후 뮤지컬을 떠올리니까 뮤지컬 전체에 대해 금세 이해할 수 있었다. 특히 공교육이 그래야 하는데 안타깝다.

우리나라 음악 수업은 어떤가. 학교에서 풍금을 운반해서 갖다 놓고 노래 몇 곡 부르고 나면 '음악시간 끝' 이다, 음악에 대해 아이들이 배울 수 있는 것이 있을까. 학교 교육만 강조하는 것도 문제다. 가정교육, 또래교육, 사교육 등 다양한 채널을 통해 지식을 체험할 수 있도록 해야 한다.

Q　창업하면서 고생을 많이 했다고 들었습니다.

A　1975년 아버지가 돌아가신 후 스물다섯 살 때 먹고살려고 시작한 게 교육사업이었다. 동생들 공부도 시켜야겠고, 뭔가 해야 했던 시기였다. 교육사업이라고는 하지만 시작은 원생 3명의 과외방이었다. 교육사업을 시작한 것은 우연이었다. "어른 말씀 잘 들으면 자다가도 떡이 생긴다"는 말이 있지 않은가. 나도 그때 작은아버지 말을 듣고 사업을 시작해 지금에 이르렀다. '영재교육 해보지 않겠느냐'고 하시기에 '한번 해보겠습니다'라고 답한 것이 창업의 계기가 된 것이다. 그때 '생각해볼게요'로 끝났으면 지금의 나는 없었을 것이다. (웃음)

한국공문수학연구회를 만든 것이 사업의 시작이었다. 일본의 구몬수학 교재를 한국식으로 가공해 학생들에게 그룹 과외수업을 했다. 사실상 학원업이지만 등록은 출판업으로 했다. 언젠가 교재를 만들어 팔아야겠다는 생각에 사업 등록을 출판업으로 했는데 만약 학원업으로 등록했으면 학원 외의 사업 아이템은 못 찾았을 것이다. 지금의 학습지 형태 사업은 정부의 규제 때문에 시작하게 됐다. 화禍가 닥칠 때 이를 잘 이용하면 기회가 오게 마련이라는 말이 딱 들어맞았던 경우다. 1980년 과외금지 조치가 내려졌을 때 '어떻게 하나'고 민을 참 많이 했다. 과외방을 문 닫고 3개월 정도 고민하고 나니 답이 나왔다. '앉아서 기다리지 말고 찾아가면 안 되나'라고 역발상을 한 것이다. 그것이 교사가 가정을 방문해 학생을 지도하는 학습지 사업의 시작이었다.

처음에는 고생했다. 일주일을 꼬박 돌아야 열 집(회원)이 안 됐다. 회원당 5천 원씩 받아 봐야 5만 원인데 인건비가 안 나왔다. 1985년 일본 교육업체 구몬으로부터 수학 교재의 판권을 로열티 지불 없이 받아내면서 사업이 점차 안정되기 시작했다. 하지만 장사가 잘 되니까 구몬 측이 마음을 바꿨다. 다른 교재의 판권을 달라는 요구도 들어주지 않고 수학교재에 대한 로열티도 무리하게 요구했다. 고민하다가 구몬과의 인연을 끊었다. 그동안의 노하우면 자체적인 브랜드로 승부해도 되겠다 싶었던 것이다. 1990년 그렇게 탄생한 것이 '눈높이'다. 10년 브랜드 '공문'을 포기하고 새 브랜드를 만드는 것은 쉬운 일이 아니었다. 당시 회사 임원들이 나를 전부 뜯어말렸다. 하지만 지나고 보니 잘했다는 생각이 든다. 그때 독자노선을 걷지 않았더라면 현재의 230만 회원을 두고 있는 교육기업 대교는 없었을 것이다.

Q 가족에 대한 얘기와 재테크에 대해서도 들어보고 싶습니다.

A 선을 봐서 배우자를 구했다. 선보고 두 달 만에 결혼했으니 연애기간은 짧았던 셈이다. 사실 처음 만났을 때부터 결혼해야겠다고 마음먹었다. 호텔 커피숍에서 선을 보고 나와 계산하려는데 마침 그날 지갑을 놓고 왔다. 어쩔 줄 몰라 당황하고 있는데 (지금의 아내가) 커피값을 몰래 건네줬다. 상대방을 배려할 줄 아는 여자라는 생각이 들어 바로 잡았다.

자녀는 아들만 둘이다. 큰아들은 대교와 관계없는 자기 회사를 경영하고 있고 작은아들은 보스턴에서 공부하고 있다. 군 제대 후 자꾸 미국에서 공부하고 싶다고 해 이왕이면 '큰 도시로 가면 좋겠다' 는 생각이 들어 보스턴에 보냈다.

자녀 교육과 관련해 집사람한테 핀잔을 받는 일이 많은데 그 이유가 애들을 좀더 일찍 유학 보내지 않았다는 데 있다. 나는 전체적으로 한국 문화를 배우는 게 중요하기 때문에 대학원 갈 때쯤 돼서 유학을 보내면 된다고 생각했는데 애 엄마의 생각은 그게 아니었다. 일찍 유학 보냈으면 쉽게 좋은 대학에 들어갔을 텐데 길을 막았다고 잔소리를 많이 한다.

가끔 '교육자인 만큼 자녀 교육에도 남다른 면이 있을 것 같다' 는

얘기를 듣는데 그럴 때마다 뜨끔 한다. "대장간집 식칼이 녹슨다' 는 말이 내게 꼭 들어맞는다. 자기 자식을 자기가 가르치기가 참 힘들다. 객관적으로 자기 자식을 바라보기가 어려우니 말이다. '참을 인忍 자' 써가면서 키운다고 할까. 부모의 욕심은 한이 없으니 최대한 아이들의 눈높이에 맞춰 아들들을 이해하려고 노력할 뿐이다. 다만 잘 키웠다 싶은 점은 아이들이 모두 돈에 대해 소탈하다는 것이다. 못사는 동네 학

교만 보내서 그런가 보다. 올해 처음 큰애에게 세뱃돈으로 10만 원 쥐봤는데 입이 찢어지더라.

재테크에 대해서는 별로 할 말이 없다. 주식을 연습 삼아 해본 적이 있는데 제대로 했다고 하기에는 많이 부족하다. 부동산 투자는 안 한다는 게 원칙이다. 선조가 물려준 제한된 자원을 가지고 돈을 벌기가 민망하다는 생각이 들어서다. 물론 주위에서 사라고 했던 땅이 오르거나 하면 배는 아프다. (웃음)

Q　한국배드민턴협회와 세계배드민턴연맹의 회장 타이틀을 동시에 가지셨는데, 배드민턴과 어떻게 인연을 맺게 되었나요?

A　어머니는 나를 두 번 낳아주셨다. 사람으로 태어나게 해주신 게 첫 번째이고 배드민턴인으로 만들어주신 게 두 번째다. 일찍 남편을 잃고 홀로된 어머니는 배드민턴을 무척 좋아했다. 나는 어머니를 상대하기 위해 매일 라켓을 들었다. 가랑비에 옷이 젖는다고 했던가. '배드민턴은 그냥 운동일 뿐'이었던 내 생각은 어머니와 자주 게임을 하면서 서서히 바뀌었다. 눈을 감아도 셔틀콕만 보일 만큼 배드민턴의 매력에 푹 빠져들게 된 것이다. 그것이 인연이 돼 시간 나는 대로 배드민턴과 관계되는 일을 하나둘씩 도왔고 결국 1997년 대교에 여자배드민턴팀을 만들었다. 그렇게 조금씩 배드민턴과의 인연을 넓히다 보니 세계배드민턴연맹의 회장까지 오게 됐다.

배드민턴은 참 좋은 운동이다. 네트경기다 보니 부상도 별로 없다. 또 짧은 시간에 유산소운동을 통해 심폐기능을 강화할 수 있고 다이

어트에도 최고다. 하루에 30분 정도씩 한 달만 하면 최소한 5~6킬로그램은 확실히 빠진다. 배드민턴 인구가 400만 명에 달하는 데도 비인기 종목에 머물러 있는 것은 '노인과 부녀자의 운동'이라는 일반인의 잘못된 인식 때문이다. 배드민턴 셔틀콕의 순간 최고 속도는 시속 337킬로미터다. 세계적인 골프 천재 타이거 우즈가 친 골프공의 속도가 시속 225킬로미터이고, 한국이 낳은 야구 영웅 박찬호의 피칭 속도가 시속 150킬로미터라는 걸 생각하면 얼마나 빠른 건가. 꼭 배드민턴이 아니더라도 학생들은 좀더 운동을 할 필요가 있다. 요즘 아이들은 자기들만의 공간으로 자꾸 파고든다. 골방에 틀어박혀 인터넷만 한다. 최근 IOC도 18세 미만의 학생만 참가하는 유스올림픽 개최를 검토하고 있다. 유스올림픽 개최가 확정되면 꼭 한국에 유치하고 싶다. 한국인은 스포츠 행사에 열광하니까 학생들이 운동에 좀더 관심을 가지게 되지 않을까 기대하는 마음에서다.

Q 친구들을 사석에서 이름이 아닌 호로 부른다고요?

A 친한 사이일수록 서로 예의를 다하면서 동시에 '회장'이라는 '무거운' 직함에서 잠시 벗어나 편하게 술잔을 부딪칠 수 있기 때문에 호를 즐겨 쓴다. 한때 명함에 직함은 쓰지 않고 호만 써 넣었던 적도 있다. 특별히 잘난 것도 없는데 그래도 이만큼 성공한 것은 호가 좋아서가 아니겠느냐는 생각도 하고 있다. 아무리 친한 친구라도 술이 몇 순배 돌아 취기가 오르면 말이 격해질 수 있다. 서로를 이름이 아닌 호로 부르면 상대에 대한 존경심이 생기지 않겠느냐 해서 시

작한 것이 지금까지 이어지고 있다.

젊은 사람들이 보기에는 약간 우스울 수도 있지만 운치도 있고 좋은 점도 많다. 내 호인 봉암鳳巖은 30대 중반에 친구들이 지어주었다. 봉암은 집안의 전설과 깊은 연관이 있다. 진주시 비봉산 아래에는 우리 집안의 번영을 암시하는 설화와 얽힌 봉鳳바위가 있다. 크고 작은 돌이 봉황의 형상을 하고 있어 붙여진 이름이다. 강남도사江南道士라는 기인이 이곳을 지나다 봉바위를 보고 '강씨의 대성함이 이 바위에 있다'고 점쳤다는 설화가 우리 집안에 전해지고 있다.

봉바위가 위치한 비봉산에도 관련된 이야기가 있다. 비봉산의 원래 이름은 봉황산. 일제시대 때 제왕의 기운을 상징하는 봉을 쫓기 위해 황凰이라는 글자를 빼고 '봉이 날아가버렸다'는 뜻의 비飛 자를 넣었다고 한다.

강영중 회장은 주위에서 그의 성공 비결을 물어올 때마다 이렇게 답한다. "화禍가 닥칠 때 기회가 온다는 말을 굳게 믿었기 때문입니다." 어려움이 닥칠 때 시장과 업계의 판도가 변하는데 이때 과감하게 변신을 꾀해야 더 큰 성장의 기회를 마련할 수 있다는 말이다.

평범한 과외방의 원장이었던 강 회장이 학습지 분야의 거인으로 발돋움할 수 있었던 계기는 1980년 과외금지 조치였다. 이것은 그의 첫 번째 위기였다. 사업을 접고 3개월 정도 고민하던 강 회장은 '앉아서 기다리지 말고 찾아가면 되지 않겠느냐' 라는 생각을 했다. 지금은 너무나도 일반화돼 있는, 교사의 가정 방문을 통해 학생 지도에 나서는 '학습지 비즈니스' 는 이렇게 태동했다. 두 번째 위기는 프로그램을 공급받던 일본 구몬과의 마찰이었다. 강 회장이 이끌던 기업이 날로 성장하자 일본 구몬수학은 '공문(당시 대교의 학습지 브랜드명)' 이라는 이름 대신 일본식 발음인 '구몬' 을 쓰고 로열티를 올려달라는 압박을 가해왔다. 강 회장은 장고 끝에 10년간 사용했던 브랜드를 포기하고 대교 '눈높이' 를 만들었다. 로열티 없는 토종 학습지 눈높이는 소비자들의 뜨거운 호응을 얻었고, 현재 230만 회원을 두고 있는 학습지 시장의 1위 브랜드로 성장했다.

'자기암시 경영' 도 강 회장이 성공할 수 있었던 요인이다. 실제로 강 회장은 교재 연구와 강의 경영을 혼자 도맡아야 했던 시절에 다음과 같은 말을 매일 아침 스스로에게 건네며 흔들리는 마음을 다잡았다.

'내가 쓰고 있는 능력은 신에게 부여받은 것의 5퍼센트도 안 된다!'

'나는 꼭 성공한다!'

강영중 회장은 '눈높이 신화', '학습지 시장 개척자'로 불린다. 1976년 교육업체인 대교를 창업한 이래 대교그룹을 연 매출 1조2천억 원에 달하는 우량 기업의 반열에 올려놓았다.

강 회장은 위기를 정면 돌파함으로써 회사를 비약적으로 발전시켰다. 1975년 3명으로 출발한 대교의 회원은 1980년 4천200명, 1991년 50만 명, 2006년 220만 명으로 매년 15~40퍼센트 늘어나고 있다.

대교그룹은 널리 알려진 학습지 업체인 대교 외에도 건설업체인 대교디앤에스, 출판업체인 대교출판, 지주회사인 대교홀딩스 등으로 구성돼 있다.

지주회사의 출범은 2001년 5월에 단행됐다. 당시 대교와 대교디앤에스 등 계열사들이 서로 지급보증으로 얽혀 있던 문제는 지주회사 출범과 자회사 통폐합 등을 통해 해소돼 글로벌 스탠더드에 걸맞는 경영구조를 갖추게 됐다. 현재 강 회장은 대교홀딩스 계열사 관리 업무 외에 1993년 시작한 어린이 전문 케이블 방송인 대교방송 운영 등을 맡고 있다.

대교가 상장사가 된 시기는 2004년 2월이다. 강 회장은 기업의 투명성 확보를 위해 대교그룹을 지주회사 체제로 개편한 후 회사를 거래소에 상장시켰다.

강 회징은 앞으로 해외사업의 확대를 중점적으로 진두지휘할 계획이다. 대교는 지난 1991년 LA에 현지법인 '대교아메리카'를 설립한 이후, 현재까지 미국, 홍콩, 싱가폴, 뉴질랜드, 영국, 호주, 필리핀, 중국, 말레이시아, 인도네시아 등에 진출해 있다.

매의 눈을 지닌 엔지니어

_최평규 S&T그룹 회장

최평규 회장은 1952년 생이다. 1975년 경희대 기계공학과를 졸업하고 직장 생활을 하다가 1979년 스물일곱 되던 해에 직원 6명으로 삼영기계(현 S&Tc)를 창업했다. 2006년 대우정밀(현 S&T대우)을 인수한 뒤 S&T그룹을 출범시키고 회장으로 취임했다. 작업복을 입고 매일 공장 구석구석을 돌아보는 현장 경영을 중시한다.

경영의 기본은 현장에 있다.
'생각 즉시 행동하자'는 게
나의 경영 철학이다!

그는 소박했다. 매출이 1조3천억 원에 달하는 12개 계열사를 거느린 그룹의 오너 회장이라기보다는, 그냥 보통 사람과 마주 앉아 있는 것 같았다. '호빵맨'이란 별명을 갖고 있는, 옆집의 맘씨 좋은 아저씨 같은 외모부터 그랬다. 그는 인터뷰 동안 '나는 촌놈'이라고 수차례 말했다. 비오는 날이면 작업복 차림에 곱창집이나 부둣가를 찾아 직원들과 소주잔을 기울이고 2차로 노래방에 가는 게 삶의 낙이라고 한다. 하지만 사업과 기업을 얘기할 때만은 달랐다. 스물일곱 나이에 17평 아파트를 팔아 시작한, 올해로 28년이 된 최평규 S&T그룹 회장의 사업 인생은 열정과 도전정신은 치열함으로 가득 차 있었다. 확실히, 그건 보통 사람의 영역은 아니었다. 최 회장과 저녁 7시에 한정식집에서 만나 2차로 인근 허름한 카페로 자리를 옮겨 폭탄주도 몇 잔 했다. 인터뷰가 끝났을 때 시계는 새벽 1시를 가리키고 있었다.

Q   유년 시절부터 사업을 시작하기까지 과정에 대해 말씀해주세요.

A   (잠시 머뭇거리다) 초등학교 3학년 때까지는 공부를 하겠다는 생각을 안 했다. 공부가 필요 없다고 생각했기 때문이다. 그 정도로

못살았다. 그래서 난 유년 시절 얘기하는 걸 싫어한다. 어떻게 살았는지도 모르겠고…….

대학 71학번이다. 우리 세대는 거의 공부 안 하고 학교 다녔다. 난 공부를 꼭 잘해야 한다고 생각한 적은 없었다. 공부보다는 내가 좋아하는 것을 찾아 다녔다. 대학생 때는 학생운동을 약간 하기도 했지만, 그때는 누가 학생운동 했다 안 했다, 그런 말은 못한다. 다 했으니까. 난 그냥 따라다닌 셈이다. 사실 나설 용기도 없었다.

대학 때 아르바이트했던 일화는 자신 있게 얘기할 수 있다. 난 대학 때 서울 휘경동, 이문동 근처에서 닭발 장사를 했다. 당시 동네 시장에 닭집이 있었는데 가만 보니 그 집 주인은 닭을 잡고 닭발을 버리더라. 그걸 보고 '이거 되겠구나' 생각했다. 그래서 닭집 주인과 협상을 해 닭발을 무료로 가져왔다. 공짜 닭발 가져다 동네 포장마차에 팔아먹은 거다. 그거 엄청 돈이 되더라. 돈 벌면 통기타 가수 나오는 명동에 맥주집 가서 하루 저녁에 다 날리곤 했다.

대학 졸업 후에는 직장생활을 좀 했다. 난 군대를 못 갔다. 병역을 기피할 정도로 소위 '백'은 없었고, 결핵을 앓아 '무종(징병검사 무등급)' 3회를 받고 군대 면제를 받았다. 대학 4학년 때 처음으로 무종을 받았는데, 군대 문제가 해결이 안 돼 큰 직장에 가지 못했다. 결국 센츄리라는 에어컨제조업체에 들어갔고, 거길 포함해 두 곳에서 5년간 직장생활을 했다. 그 중 1년은 일본 히타치제작소에 기술연수도 갔다 왔다. 직장생활 할 땐 열 공학 공부를 많이 했다.

직장생활을 하다가 미국 이민을 갔다. 미국 이민이 붐이던 시절이 있었다. 1979년 처가에서 이민 가는데 경상도 말로 '꼽사리' 껴 간 거다. 미국에서 장인 가게를 맡아 해보려고 보조로 왔다갔다했는데 아침 6시부터 밤 10시까지 이건 완전 중노동이더라. 이 정도 고생하면 한국에서도 밥은 먹고 살지 않겠나 생각하고 6개월 만에 다시 돌아왔다. 한국 와서 아예 결심을 굳히려고 외무부에 미국 영주권을 반납했다. 그리고 창업을 했다.

Q 창업 과정은 어땠습니까. 처음부터 순조로웠나요?

A 직장생활을 하던 중 일본 히타치에 연수를 받으러 갔는데, 그때 미국인 맥얼로이라는 분을 알게 됐다. 미국 이민을 포기하고 한국에 들어오려던 차에 그분이 자기 집에 찾아오라고 해 한번 갔는데, 그 어른이 아주 좋은 기계를 개발했다며 그걸 한국에 가져가면 밥 먹고 사는 데 도움이 될 거라고 했다. 열 교환기 소재인 '핀튜브'를 만드는 피닝머신이라는 기계였다. 나름대로 열 공학 공부를 많이 한 터라 좋은 기계라고 판단했고, 수입하기로 결심했다. 관세 포함해서 9천만 원쯤 했던 기계다. 서울로 와서 17평 아파트를 300만 원에 팔아 삼영기계(현 S&Tc)를 세워 직원 6명으로 시작했다. 그리고 아버지, 형님, 매형, 이렇게 세 분의 집을 은행에 담보 잡아 LC(신용장)를 열어 기계를 들여오려고 했다.

기계가 완성됐다고 해서 내가 검사해보고 싣고 오려고 1979년 10월 미국으로 날아갔다. 한 3주간 있었는데 그때 고생 많이 했다. 돈 없어서 식빵에다 고추장을 발라 먹어봤는데 그 맛도 괜찮더라.

그런데 갑자기 문제가 터졌다. 미국에서 귀국하려던 전날, 박정희 대통령이 돌아가셨다는 소식을 접했다. 바로 10·26사태다. '와, 이거 사업 시작하는데 정말 큰일 났구나. 나 이 기계 못 가져가겠다' 는 판단이 들더라. 그래서 일단은 포기했다.

한국에 돌아와서 그해 연말 술만 엄청 마셨다. (그는 이 대목에서 술 한 잔을 했다.) 하지만 1980년 1월 12일 행운이 찾아왔다. 정부가 이른바 1·12조치를 단행해 (원/달러) 환율을 600원에서 480원으로 낮춘 (원화절상) 거였다. 기계 원화 가격이 갑자기 싸진 셈이었다. 그래서 생각을 바꿔 기계를 사기로 했다. 1월 20일 그 기계를 통관했는데, 그날 기계를 트레일러에 싣고 추풍령을 넘어서 돼지 국밥으로 점심을 먹는데 눈물이 나더라. 사업이 잘 될지 걱정도 되고…….

Q　너무 이른 나이에 시작한 사업이라 문제는 안 됐나요? 사업을 하시다가 위기도 있었을 텐데요.

A　창업할 때 내 나이 스물일곱이었다. 너무 어리다 보니 초기엔 명함을 두 개나 가지고 다녔다. 하나는 '부장 최평규'이고, 다른 하나는 '대표이사 최평규'. 장사하러 갈 때는 부장 명함 들고 가고, 수주하면 대표이사 명함 보여줬다. 그래도 열심히 하다 보니 사업한 지 1년 만에 은행 빚을 다 갚았다.

그런데 창업하고 3~4년쯤 지나 위기가 찾아왔다. 공장에 화재가 난 것이었다. 기계가 홀랑 타버렸다. 한참 돈 벌 때였다. 그러나 그게 약이 됐다. 불에 탄 기계를 다 뜯어봤는데, 별게 아니더라. 그래서 특허에 안 걸리도록 내가 직접 기계 석 대를 만들었다. 성능이 비슷해 매출이 세 배가 됐다. 전화위복인 셈이다. 인생이 다 그렇다.

1996년까지 매출이 150억 원까지 커졌는데 또 문제가 생겼다. 한국중공업이 우리한테 납품받던 제품을 직접 제작하겠다며 주문을 갑자기 끊어버린 거였다. 2~3개월 고민하다 미국에 갔다. 먹고살 길을 찾아야 하니까 말이다. 미국의 세계적인 보일러 회사인 CE라는 곳에 가서 물건 좀 사달라고 하니까 의외로 평가가 좋았다. 1997년부터 해외 수주가 폭발적으로 늘었다. 게다가 외환위기가 닥쳐 800원 하던 환율이 1천600원까지 오르니 매출이 더 급증했다. 그래서 내가 여기까지 왔다. 난 운이 좀 따르는 것 같다. 눈에 보이진 않지만 이상하게도……

Q　엔지니어 출신인데 경영에 어려운 점은 없었습니까?

A　난 엔지니어 출신이지만 재무도 좀 안다. 28년간 기업하면서 세무조사를 얼마나 많이 받았겠나. 세무조사 받으려면 재무 공부 안 하면 안 된다. (웃음) 죽으나 사나 재무 공부했다. 그래서 중소기업이 재미있는 거다. 사장이 생산부터 재무까지 하지 않으면 안 된다.

쑥스러운 얘기지만 외국어도 좀 한다. 일본어는 일본 연수를 했으니까 좀 하고, 영어는 정식으로 배운 게 고등학교 때 배운 게 다지만 비즈니스하면서 하니까 영어가 되더라. 내가 영어 못하면 수주를 못하니까 절박한 거였다. 한때는 어떤 영어 문장 외워서 수주 협상할 때 그대로 사용한 적도 있다.

솔직히 체계적으로 경영을 배운 적이 없다. 그러나 한 가지는 알 것 같다. 경영의 기본은 현장에 있다는 점이다. 난 진짜 몸으로 느끼는 현장경영을 하려고 한다. 매일 현장을 많이 돌아다니는 거다. 그러다 직원들 얘기를 듣고 애로사항은 빨리 개선해준다. '생각 즉시 행동하자' 는 게 나의 경영 철학이다.

그리고 나는 모든 걸 긍정적으로 본다. 이거 어렵다, 이거 왜 이리 골치 아프냐고 생각하면 아무것도 해결 안 된다. 해결되겠지, 분명히 해결된다, 그러면 해결된다. 많은 사람들은 우리나라 미래가 위험하다고 걱정한다. 맞는 얘기다. 하지만 난 우리가 정상적으로 가고 있다고 보려고 한다. 다른 나라와 비교해봐도 우리 국민성은 평범한 수준은 넘는다. 근면하다. 그러면 앞으로도 먹고사는 건 잘될 것이다.

경영은 특히 마케팅이 어렵다. 물건은 잘 만든다고 무조건 팔리는 게 아니기 때문이다. 하늘을 나는 자동차를 만들 수는 있다. 문제는 그걸 파는 데 있다. 파는 기술은 분명 만드는 기술보다 어렵다. 예를 들어 같은 오토바이라도 세계 시장에서 야마하나 혼다 제품은 잘 팔리는데 우리 S&T모터스(옛 효성기계) 제품은 안 팔린다. 야마하와 혼다의 아성은 엄청난 벽이다. 이걸 뛰어넘는 데 10년은 걸릴 거다. 하지만 그때까지, 내 물건 알고 사줄 때까지 기업은 살아남아 있어야 한다.

큰딸이 올해 스물아홉이다. 이번에 등기이사를 시켰다. 회사를 알아보라는 차원에서다. 혹시 내가 없는 상황에서 위기가 닥쳤을 때, 최대주주 자녀인 내 딸이 아무것도 몰라 우왕좌왕한다면 기업 전체가 흔들리게 된다. 우리 종업원이 3천 명이고, 주주가 2만 명이다. 대주주가 기본은 알아야 한다. 나중에 내 자식들이 경영 능력이 있다면 물려줄 생각이다. 하지만 능력이 없으면 전문경영인에게 맡겨야 한다. 기업을 일으키는 건 쉬워도 무너지는 건 하루아침이기 때문이다.

Q　이렇게 회사를 키우실 줄 아셨나요? 혹시 기업인이 되신 것을 후회하신 적은 없나요?

A　내가 현재와 같은 기업인이 될 것이라고는 한 번도 생각한 적 없다. 하루하루 열심히 하다 보니 여기까지 왔다. 사실 난 매일 저녁 11시가 되면 기업 하기 싫어진다. 자기 전에는 항상 머리가 아프다. 나는 왜 매일 이 골치 아픈 일을 해야 하나, 계속 후회한다. 그때는 술을 마신다. 그런데 희한하게 아침에 눈만 뜨면 반짝반짝해진다.

몸이 저절로 움직이고…… 어쩔 수 없는 기업인이란 생각이 든다.

기업인이 되지 않았다면 시를 썼을 거다. 그런데 너무 일찍 기업을 해선지, 나는 이미 병이 들어버린 것 같다. 일을 하지 않으면 안 되는 병 말이다. 휴가철이 다가오면 난 걱정이 앞선다. 하루나 이틀은 보낼 수 있을 것 같은데, 나머지 날에는 뭘 해야 할지 모르겠다. 일하는 것 말고는 할 줄 아는 게 없다. 아침에 출근하면 해야 할 일이 많지 않은가. 그렇게 일하다 몇 밤 자고 나면 1년 가버리고…….

난 아직도 하루에 한 갑 정도 담배를 피운다. 스물아홉인가, 사업 시작하고 나서 늦게 배웠다. 안 피우려고 했는데 사업하고 나서 골치가 아프니까 어쩔 수 없었다. 나는 담배는 못 끊는다.

골프도 못 친다. 좀더 정확하게 말하면 안 치는 거다. 1986년엔가 여주에 있는 골프장에 친구들이랑 딱 한 번 갔다. 그런데 너무 재밌더라. 그래서 이거 치지 말아야겠다 결심했고 이후 한 번도 나가지 않았다. 계속 치면 골프에 빠져들 것 같은데, 그러면 회사 망할 것 같더라.

대신 시간이 나면 산책이나 바다낚시를 한다. 스트레스 쌓이면 노래방 가서 노래도 한다. 주로 직원들과 간다. 술도 자주 마신다. 술은 남

들 먹는 만큼은 먹는다. 1년에 80퍼센트 이상은 먹는다. 몸에 좋진 않지만 정신 건강에는 그게 좋다. 대화가 없는 자리에선 반 병도 못 먹는다. 맘 맞는 사람과 대화하면서 마시면 막 먹는다. 이름을 말할 수 없지만, 올 설날에는 한 지인과 한자리에서 13시간 동안 소주 마시다 집에 업혀온 적이 있다.

Q　직장인이나 사업가가 되려는 젊은이들에게 한마디 하신다면요?

A　신입사원을 뽑을 때 배짱이 있는 사람을 뽑는다. 배짱 있는 사람은 책임감이 강하다. 직원들을 많이 다뤄보니까 배짱 있게 큰소리치는 사람들은 평균적으로 유능하더라. 말은 해놨지, 그걸 지켜야겠지, 죽으나 사나 일하게 마련이다.

요즘 젊은이들은 과거와는 다르다. 자기가 원하지 않으면 일을 안 한다. 그런데 우리만 그런 게 아니다. 미국도 그렇다. 10~20년 차이가 있을 뿐 어쩔 수 있나. 내 새끼고 내 자식인데 받아들여야지. 우리가 더 고생하면 된다.

게으른 직원을 제일 싫어한다. 능력은 상관없다. 회사 업무는 사실 고도의 능력을 원하는 건 아니다. 문제가 생겼을 때 대응하는 능력이 중요하다. 이건 열정과 통한다. 명문대 나왔다고 유능한 건 아니다. 자기 회사에 관심이 많은 사람, 그 사람이 바로 유능한 사람이다.

지금 20대인 젊은이들도 앞으로 기회는 충분히 올 거다. 다만 기성세대보다 더 나은 기술을 개발해야 한다. 더 좋은 아이디어를 내고, 독특한 기술 갖고 소신만 있다면 충분히 나보다 더 훌륭한 사업가도 나올 거다. 엄청난 도전정신을 가지고 죽기 살기로 해야 한다. 아버지 형님 누나 재산 다 담보로 넣고 내가 망하면 우리 가족 다 박살난다, 이런 각오가 있어야 한다. 그리고 목숨 바쳐 기술 개발 해야한다. 어떻게든 자기가 꼭 해결하겠다는 의지가 필요하다.

'M&A(인수·합병)의 귀재.' 최평규 회장에게 붙은 닉네임이다. 오늘날의 S&T그룹이 탄생한 것은 전적으로 그의 탁월한 M&A 능력 때문이었다고 해도 과언은 아니다. 그가 직접 창업한 S&Tc를 제외한 S&T중공업(옛 통일중공업·2003년 인수), S&T대우(옛 대우정밀·2006년 인수), S&T모터스(옛 효성기계·2007년 인수) 등 현재 주력 계열사는 모두 인수한 기업들이다. 그만의 비결은 뭘까. 먼저 사전 준비가 철저하다는 점을 꼽을 수 있다.

최 회장은 엔지니어 출신이지만 회계·재무지식에 밝다. 독학의 결과다.

"분식회계가 없다는 전제 아래 어느 기업이든 재무제표를 보면 '이 회사는 얼마짜리'인지 바로 나옵니다. 그게 거의 80~90퍼센트는 맞지요."

그럼 어떤 기업을 M&A 대상으로 삼을까. 최 회장은 "2가지 조건 가운데 하나를 충족할 때 M&A를 합니다"라고 소개했다. 하나는 인수한 뒤 영업을 잘할 자신은 없지만 매수 대상이 기업 가치에 비해 턱없이 쌀 때다. 하지만 이건 그의 '전공'은 아니다. 이보다는 기존 사업과 시너지를 내 '장사를 잘할 자신이 있는 기업'을 선호한다고 설명했다. 그는 특히 "기술력이 있는 회사를 가장 좋아합니다"라고 했다. 지난 2003년 S&T중공업을 인수한 게 좋은 사례다.

"처음에 S&T중공업을 인수할 생각이 없었습니다. 한때 창원을 흔들었던 강성노조가 있는 회사를 제가 왜 사겠습니까. 그런데 귀신에 홀린 건지 어느 날 S&T중공업 옆을 지나가는데 그 공장이 왠지 한번 보고 싶더군요. 다음 날 공장을 둘러보고 그 자리에서 인수계약서에 도장을 찍어버렸습니다. S&T중공업의 뛰어난 기술력을 봤기 때문이지요."

요즘에도 추가적인 M&A를 물색하느냐는 질문에 그는 "시너지를 낼 수 있는 쪽으로 하나만 더 할 생각입니다"라고 말했다.

Style **2**

가장 존경하는 사람이 누구냐는 질문에 최평규 회장은 대번 그의 어머니를 꼽았다.

"평생을 살면서 저는 우리 어머니를 제일 존경합니다. 자식 넷을 키운 어머니의 강한 생활력은 항상 내 머릿속에 고스란히 들어와 있지요."

그러면서 최 회장은 어머니와 관련된 일화 2가지를 소개했다.

하나는 그가 고등학교 2학년 때 아버지의 사업 실패로 식구들이 상경하면서 생긴 일이다.

"어머니는 서울에 오셔서 월세로 방 12개를 얻어 여관을 차렸습니다. 이름이 '경화여관'이었지요. 처음엔 손님이 하나도 없었는데 어느 날부턴가 손님이 줄을 섰습니다. 어머니가 매일 이불을 빨아 깨끗한 잠자리를 만든 게 효과를 본 거지요. 구석에 처박혀 있는 여관이라 처음엔 신통치 않게 생각했던 손님들도 일단 하룻밤 자고 나면 생각이 바뀌었습니다. 요샛말로 우리 어머니는 뛰어난 비즈니스 감각이 있었던 것 같아요. 저도 그걸 어느 정도 이어받은 것 같고……."

두 번째 일화는 1986년 서울 목동에 아파트를 산 지 얼마 되지 않아서다. 공장에서 밤을 새우고 새벽 6시쯤 귀가하던 길에 최 회장은 목동 '파리공원' 근처에서 열무와 배추를 파는 두 할머니를 발견했다. 그 중 한 분은 바로 그의 어머니였다. 그는 "용돈이 없습니까, 뭐가 부족해 새벽에 이런 걸 파세요" 하며 따졌다. 그의 어머니는 "공터에 농사를 지어서 수확한 것을 자식들에게 나눠주고도 남아서 파는 중이다. 먹을 걸 버리면 벌 받는다"고 오히려 최 회장을 타일렀다. 이 말을 듣고 최 회장은 한동안 아무 말도 하지 못했다고 한다.

"그럼 내일도 파세요……."

그는 최근에 어머니와 갈등(?)을 빚고 있다고 소개했다.

"이제 연세도 있으니 집에 일하는 아주머니를 들이자고 말씀드렸습니다. 그런데 어머니는 완고하게 반대하시더군요. 가정부 들어오면 당신 할 일이 없으시다고 말입니다. 연세가 여든이신데, 아마 이번에도 제가 질 것 같네요."

'현장과 인재를 소중히 여기는 실천가형 리더.' 기업 경영인으로서의 최평규 회장은 이 한마디로 규정된다. 14개 계열사를 거느린 중견그룹 회장이 된 지금도 그는 "공장에 있어야 마음이 편하다"고 말한다.

중요한 대외 업무가 있는 날을 제외하고 그는 언제나 작업복 차림이다. 창업 후 30년 동안 변하지 않은 모습이다. 그가 얼마나 현장을 중시하는지 보여주는 단적인 예다. 1년 365일 일선 직원들과 똑같은 옷을 입고 그들과 함께 호흡하며 땀 흘리는 현장경영은 그의 경영의 알파이자 오메가다. 현장경영은 '스피드 경영'의 필요조건이다. "아무리 좋은 아이디어를 얻었더라도 이를 즉시 실천하지 않으면 무용지물이 된다"는 것은 최 회장이 30년의 경영을 통해 체득한 '진리'다. S&T그룹 계열사의 각 사업장 곳곳에 '생각 즉시 행동'이란 표어를 붙여놓은 것도 이 때문이다.

최 회장은 또 기업의 핵심은 '사람'이고, 인재가 기업의 미래를 결정한다는 신념을 갖고 있다. 하지만 그의 인재관은 남다르다. 그는 인재의 능력이 학력이나 지식과는 비례하지 않는다고 믿는다. 유능한 직원은 '주인의식과 책임감, 열정을 갖고 부지런히 노력하는 사람'이라는 것이다.

S&Tc, S&T중공업 등 핵심 계열사의 전 직원들을 대상으로 스톡옵션을 부여해 화제가 된 것도 직원들에게 주인의식을 고취시키기 위한 조치였다. 특히 강성 노조로 유명했던 S&T중공업의 경우 전 직원 스톡옵션 부여를 계기로 굳게 닫혀 있던 노조의 마음의 문이 조금씩 열리며 노사간에 믿음이 형성되는 계기가 됐다는 게 회사 측 설명이다. 이런 최 회장의 노력이 기반이 돼 2004년 '노사간 경영정상화 대타협'을 한 S&T중공업은 2007년까지 4년 연속 흑자 행진을 달성했다.

상도와
주도의 거물

_한기선 두산주류BG 사장

한기선 사장은 1951년 충남 당진에서 태어났다. 중학교를 졸업한 뒤 서울로 유학을 와 휘문고와 서울대 사범대 사회교육과를 졸업했다. 1978년 대우중공업에서 직장생활을 시작, 1988년 대한조선공사(현 한진중공업)의 인수 작업을 위해 진로그룹에 스카우트되면서 주류업계와 인연을 맺었다. 진로에선 '참이슬', 진로발렌타인스 재직 시에는 프리미엄 위스키 '임페리얼'을 성공시키면서 '미다스의 손'으로 불리기 시작했다. 오비맥주 영업담당 부사장으로 근무하던 2002년 대장암 3기 판정을 받아 인생의 큰 고비를 맞았지만, 암 투병에 성공한 뒤 2005년 두산 CEO로 주류업계에 화려하게 복귀했다.

'처음처럼'의 길거리 마케팅에 대한 아이디어는
어느 신입사원이 먼저 제안한 것이다.
소비자를 상대로 직접 마케팅을 펼치고
그 효과를 톡톡히 봤다.
이런 적극성을 가진 직원이 성공한다!

한기선 사장은 2006년 2월 '처음처럼' 브랜드를 선보이면서 소주시장에 '저도주 돌풍'을 일으킨 장본인이다. 소주 시장에서 철옹성을 쌓고 있는 진로와의 일전을 진두지휘한 한 사장은 과연 어떤 장수일까. 싸움이 치열했던 만큼 장수인 한 사장의 손에 피가 묻어 있을 법도 하지만, 첫인상은 온화한 선생님의 모습과도 같았다. 실제 그는 회사에서도 큰소리를 내지 않으면서 직원들이 아이디어를 내도록 분위기를 만들어가고 있다. '부드러운 카리스마'를 보이고 있다는 게 회사 안팎의 평가다. 양주, 맥주, 소주 분야를 두루 거친 한 사장은 각 분야에서 모두 히트상품을 탄생시켜 주류업계에서 '미다스의 손'으로 불린다. 비결이 궁금했다. "블루오션, 블루오션 하면서 다들 새로운 시장을 찾고 있지만, 기존 시장에서도 제품을 잘 만들고 마케팅을 열심히 해 이윤을 창출하면 그것이 곧 블루오션 아니겠습니까." 한 사장이 소주잔을 주고받으며 들려준 그의 상도商道와 주도酒道에 관한 이야기 속으로 들어가보자.

Q 암 투병(대장암 3기) 경험도 있는데 괜찮으신지, 진정한 주도에 대한 생각을 말씀해주시지요.

A 오늘 아군은 하나도 없고 적(?)들만 가득한 것 같다. (선술집

한 켠에 기자 10명이 한 사장을 둘러싸고 앉았다.) 암 투병까지 했던 사람이 소주 마셔도 되냐고 묻는 사람들이 많은데 '처음처럼'은 물이 좋아서 괜찮다. 소주 더 마시라고 하늘이 날 살려놓은 건 아닐까 생각할 때도 있다. 나는 원래 술을 잘하는 편이다. 진로에 있다가 오비맥주로 갔을 때 그 회사 사람들이 맥주를 먹고도 혀가 꼬부라지는 걸 보고 의아해할 정도였다. 예전만큼은 아니지만 전국 각지의 도매상 사장들을 만나면 다들 '당신 암이었던 건 아는데 그래도 내 잔은 꼭 받으라'며 한 잔씩 준다. 이렇게 한 잔씩 받다 보면 어쩔 수 없이 많이 마시게 된다. 친구들은 '암스트롱'이라고 놀린다. 술이란 게 서로 기분 좋고 건강 상하지 않을 만큼만 마시면 좋은 거다. 그걸 잘 지키는 게 가장 좋은 '주도'다.

Q　학창 시절에 대한 얘기, 그리고 술 회사와 인연을 맺게 된 계기는 무엇인가요?

A　고향이 충남 당진인데 고등학교(휘문고)는 서울에서 나왔다. 2남 2녀 가운데 장남인데 고등학교를 다니기 위해 혼자 서울에 와서 자취를 한 셈이다. 대대로 농사짓는 집안이라 장남은 농고에 진학해 농사일을 이어받는 게 일반적이었는데 나는 서울에 있는 인문계 고교에 오게 됐다. 그렇게 된 데는 좀 사연이 있다. 중학교(당진중)를 수석으로 졸업한 덕을 본 셈이다. 아버지가 은사님들께 '수석턱'을 내는 자리에서 교장선생님이 학교는 어디로 보낼 거냐고 물으셨나 보다. 아버지가 농고를 보내시겠다고 하자 교장선생님이 그러면 안 된

다고 따지셨다더라. 아버지는 시골 분이시라 선생님 말씀을 무조건 따라야 되는 걸로 아시고, 다음 날 내게 고등학교는 서울로 가라고 하셨다.

대학은 사범대를 졸업해 교사 자격증을 땄다. 그런데 교생 실습 나가서 같은 얘기를 네다섯 번씩 돌아가며 하려니 너무 지겨워서 교사가 되겠다는 생각을 접었다. 또 술 좋아하고 노는 것 좋아하는데 당시엔 교사는 무슨 성직자처럼 살아야 되는 줄 알았다. 그래서 대우에 들어가 보통 직장인 생활을 시작했다.

그때 내게 가장 큰 영향을 끼친 상사를 만났다. 김두일 부장이라고 작가이기도 했는데 필명은 김성일이라고 쓰셨던 분이다. 업무 시간 외엔 늘 책을 달고 사셔서 문학·경영·철학 등 어떤 분야든지 모르는 게 없었다. 그런데 그분이 신입사원이던 내게 '네가 낸 아이디어는 스스로 임원 결재를 받아오라'고 시키는 거다. 다른 부하 직원에겐 그런 일이 없었는데 내겐 유독 그렇게 하셔서 의아했다. 혹시 결재 받으러 들어가 임원이 하는 얘기를 놓칠까 봐, 당시 월급의 절반을 쏟아 부어 일제 소형 녹음기까지 샀을 정도로 바짝 긴장할 수밖에 없었다. 지나고 보니 그때 그렇게 당당한 자세를 길러준 게 지금까지 영향을 미치고 있는 것 같다.

대우라면 당시엔 꽤 큰 그룹이었는데 우연한 계기로 진로로 회사를 옮겼다. 당시 매출면에서 진로는 대우에 비하면 보잘것없는 회사였다. 그런데 당시 나와 절친한 상사 한 분이 진로로 옮겼다. 진로가 대한조선공사(현 한진중공업) 인수를 준비 중이었는데 그 일을 진두지휘하러 간 거였다. 그분이 나한테 와서 저녁식사나 한번 하자는 거다.

그래서 저녁 때 술 얻어먹고 온 것밖에 없었는데 회사(대우)에 벌써 소문이 다 났더라. '한기선이가 진로로 옮긴다더라. 저녁마다 아예 그쪽으로 출근을 한다더라' 하는 식으로 말이다. 옮겨간 상사가 중장비 영업에 밝은 나를 데려가고 싶어서 대우에 소문을 흘렸다고 하더라. 그런 얘기를 하루이틀도 아니고 두 달 정도 계속 들으니까 '에라 모르겠다, 그냥 옮기자'는 생각이 들었다. 인수 작업에는 8개월간 매달렸지만 결국 실패하고 말았다. 이제 회사를 나가야 되나 생각했는데 그룹에선 고생했다며 이사대우로 승진시켜 주었다. 그렇게 술 회사와 인연을 맺어 지금까지 오게 된 거다.

Q 술 마케팅의 귀재로 통하시는데 그 비결이 뭔가요?

A '참이슬' '처음처럼' 등으로만 알려져 있지만 사실 처음 성공시킨 작품은 '임페리얼'이었다. 당시 두산씨그램의 패스포트가 스탠더드 위스키 시장을 꽉 잡고 있었고, 진로가 내놓은 로얄, VIP 등은 모두 합쳐 점유율이 8퍼센트도 안 됐다. 그때 내가 "저쪽(경쟁사)에서 안 내는

프리미엄급 12년산을 한번 내보자"고 주장해서 '임페리얼 클래식'을 냈다. 반응이 괜찮았다. 12년산은 부드럽지만 단가가 비싼 게 흠이었다. 술 신상품은 값이 기존 제품보다 비싸면 시장에 진입하기 힘들다.

당시 양주는 360밀리리터와 700밀리리터 두 종류가 있었는데, 임페리얼 클래식을 한 병에 어느 정도 담으면 일반 위스키 700밀리리터짜리와 같은 값을 매길 수 있는지 따져봤다. 520밀리리터로 하면 같은 가격을 받을 수 있다고 했다. 그래서 500밀리리터짜리를 내놓고 패스포트 700밀리리터보다 조금 싸게 출고가를 매겼다. 대신 양이 적어 보이지 않게 하려고 병을 뚱뚱하게 만들었다. 얼핏 보면 700밀리리터짜리와 구별이 안 가도록 말이다. 술 시장은 유통구조가 일반적인 상품시장과 달라서 제품만 좋게 만들어선 안 된다. 소비자들에게 그 술을 마셔야 하는 이유를 알려야 함과 동시에 도매상, 술집 주인 등 일선에서 술을 판매하는 이들에게 '팔아야 되는 이유'도 같이 드려야 한다.

'처음처럼'이 초기에 출고가를 낮춰 식당 하는 사람들에게 조금 더 마진이 돌아가도록 배려한 것도 그런 맥락으로 보면 된다. 그리고 마케팅은 제품에 대한 소비자 인식을 형성하는 수단이다. 기업이 펼치는 마케팅의 결과는 곧 제품 이미지다. '처음처럼' 하면 '알칼리수'가 떠오르도록 해야 한다는 얘기다. 그래서 직접 알칼리수에 대한 연구까지 했다.

암 수술을 끝내고 약 10개월 동안 집에서 백수생활을 하던 때였는데, 다시 쓰러지면 안 되니까 건강에 각별히 신경 썼다. 매일 마시는 물이 중요하다는 걸 그때 깨달았다. 알칼리 환원수를 챙겨 마셨더니 회복에 도움이 되는 걸 피부로 느꼈다. 이런 경험이 나중에 '처음처럼'을 개발하는 데 많은 도움이 됐다. 인체의 70퍼센트가 물로 돼 있다는데 소주는 80퍼센트가 물이다. 좋은 소주는 물에서 판가름 난다는 게 진로 시절부터 내가 갖고 있던 소신이었다.

'처음처럼'이 '깨끗한 맛'으로 폭발적인 반응을 얻은 건 청정지역 강릉에서 길어 올린 물을 썼기 때문이다.

Q   경쟁사로 이직한 소회는 어떠신가요?

A   진로에는 늘 고맙고 빚진 기분이다. 1993년 여름, 진로 마케 팅총괄상무로 있던 때 얘기다. 내가 갑자기 회사에 사표를 내고 호주로 떠나게 됐다. 그해 고등학교에 입학한 큰아들과 함께였다. 호주 비자를 받으려고 아들과 함께 멜버른 랭귀지 스쿨에 등록까지 했다.

한국에서 학교에 적응하지 못한 아들을 유학 보내는데 어떻게 혈혈
단신으로 보내나. 큰아들 녀석은 어려서부터 공부보다는 친구들과
어울려 다니는 걸 좋아했다. 애가 본성은 착하고 영리한 것 같은데
어쩌다가 그쪽으로 빠졌나 심각하게 고민했다. 큰아들이 고등학교에
입학했는데 어느 날 갑자기 도저히 학교를 다니지 못하겠다는 거다.
중학교 때 자기한테 얻어맞은 학생들을 상급생으로 만나게 돼 매일
불려 다니느라 맘 잡고 공부를 할 수가 없다는 거였다. 외국으로 유
학을 보내야겠다 생각했다. 그렇게 선택한 게 호주였고, 애만 보내려
니 걱정이 돼 따라간 거였다.

지금 내가 챙기지 않으면 이 녀석의 장래는 없다는 생각이 들어서
사표를 냈다. 진로에서 기획실 상무라는 중책을 맡고 있는 시점에서
고민이 없었다면 거짓말이겠지만, 그래도 아들의 학창 시절 3년이
나의 3년보다 훨씬 중요하다는 결론을 내리고 실행에 옮겼다. 배경
설명 없이 사표만 획 던져놓고 호주행 비행기에 올랐지만 진로 그룹
에선 사표를 수리하지 않은 채 6개월 동안이나 기다려줬다. 아들이
생각보다 영어를 금방 배우고 학교에도 적응을 잘해 6개월 만에 돌
아올 수 있었는데, 월급도 꼬박꼬박 통장에 넣어주더라.

아들은 지금 호주에서 대학을 졸업한 뒤 현지 기업에 취직해 '글
로벌 시티즌'으로 잘 지내고 있다. 이렇게 배려해줬던 회사라서 지
금도 같이 일하던 이들이 눈에 밟힌다. 하지만 조금 다르게 생각할
때도 있다. '처음처럼'이 없었다면 진로가 하이트에 인수합병 된 뒤
영업사원들은 옷 벗고 나갔을지도 모를 일이다. 어차피 맥주 영업이

나 소주 영업이나 거기서 거기라고 생각했을 테니 말이다. 그런데 우리가 바짝 따라붙으니까 진로 멤버들을 어쩌지 못하는 걸 수도 있다. 물론 이건 순전히 나 혼자 하는 가정이지만…….

Q　CEO로서의 생활과 은퇴를 대비한 재테크는 하고 있으신가요?

A　재테크에는 특별히 신경 써본 적이 없다. 일만 열심히 하면 회사에서 다 해주더라. 능력만큼 보수를 받을 수 있는 시대가 됐으니 다른 데 눈 돌리지 않고 자기 일에만 충실하면 된다. 나는 임원생활만 18년 정도 했다. 남들이 보기 드문 경우라고 하더라. 환갑쯤이 되면 물러나려고 한다. 그때 되면 시골에 내려가 농사지을 땅만 있으면 될 거고 그 정도 돈은 모아놨으니 따로 재테크는 필요 없다고 본다. 은퇴 전까진 힘을 다해서 CEO 역할을 충실하게 할 계획이다. 나는 직원들에게 즐거운 직장을 만들어주기 위해 노력한다. 직원들이 각 부문에서 다들 경쟁사와 치열한 전쟁을 하느라 힘든데, 회사에 돌아와서 만큼은 편안하게 해주자는 게 내 소신이다.

다른 건 못해도 적어도 CEO 챙기느라 고생시키는 것만큼은 하지 않으려 한다. 내가 직원들에게 맞춰주는 편이다. 방송국 인터뷰 가면 '혼자 오셨어요?' 하면서 놀란다. CEO 수행할 시간에 나가서 더 잘하라는 뜻이다. 아니면 편히 쉬든지.

인재를 적재적소에 배치하는 것도 CEO의 중요한 임무 가운데 하나다. 나는 소위 '딸랑거리는' 사람을 무조건 멀리한다. 아부만 잘하는 사람, 이른바 배를 타고도 '노 젓는 시늉만 하는 이'는 회사 경쟁력을 갉아먹을 뿐이다. 반대로 사장도 생각하지 못한 아이디어를 내놓을 정도로 주인의식이 뛰어난 직원은 CEO가 반드시 챙겨서 보상을 해줘야 한다. 전보다 창의적인 사고를 하는 젊은이들이 회사에 많이 들어오고 있어 고무적이다. 그래서 나는 이들이 아무 때나 나를 만나 기탄없이 의견을 말할 수 있도록 사장실 문을 항상 열어놓는다. 문 앞에서 서성대고 있는 젊은 직원의 그림자가 보이면 '들어오라'고 하기도 한다. CEO로 일하다 보면 스트레스를 많이 받겠다고 하는 분들이 있는데 거짓말 같지만 나는 스트레스란 게 뭔지도 잘 모르겠다. 그냥 늘 하는 일에 대한 생각과 고민 등은 그냥 삶의 일부일 뿐이다. 스트레스를 스트레스라고 생각하는 순간 진짜 스트레스가 되는 게 아닐까.

Q　여가 시간은 어떻게 보내십니까?

A　우선 지적 자극을 주는 저자들의 책을 찾아서 읽으며 시간을 보내려고 노력하는 편이다. 2006년 한경에서 주최한 글로벌HR포럼 때 오마에 겐이치의 강의를 열심히 들었다. 그 사람을 아주 좋아해서 내놓은 책도 다 읽었다. 아직 한글판이 없는 책까지 구해다 번역해가며 읽은 게 예닐곱 권 정도 된다.

그 양반의 경영 혜안은 아주 대단하다. 처음 경영을 배울 때부터 오마에 겐이치의 책을 읽어서 그가 마치 내 스승 같은 느낌이 든다.

정해진 스케줄 없이 무작정 떠나는 여행도 가끔 즐긴다. '계획이 없으면 차질도 없다' 는 말을 좋아한다. 차 막히면 그 근처에서 식사나 하면서 시간 보내다, 다시 출발해 가다가 날 저물면 여관에서 자고 그러는 게 좋다. 휴가 때까지 계획을 세우려고 들면 '쉼표' 가 아니라 또 하나의 업무가 되는 거다. 돈 있고 시간 있으니 그냥 발 가는 대로 떠나는 게 최고다.

건강관리는 걷기로 한다. 그래서 만보계를 차고 다닌다. (만보계 숫자를 보여주며) 오늘은 1만67보 걸었다. 요즘 하루에 1만 보 이상 걷기를 실천하고 있다. 아침에 헬스클럽 가서 7천 보 정도를 걷고, 그걸 못했을 땐 저녁에 강남 서초 등 상권을 둘러보면서 만보를 꼭 채운다.

한기선 사장은 걸출한 인물들만 모인다는 주류업계 CEO 가운데서도 손꼽히는 유명 인물이다. 180센티미터가 넘는 훤칠한 키와 몸매 때문만은 아니다. 대장암 말기를 선고 받고도 병마와 싸워 이겨 경영일선에 복귀한 것이나, 술 때문에 죽을 고비를 넘기고도 '술 회사' 사장을 마다 않고 기자들에 둘러싸여 잔을 돌리는 성격은 호기롭다고 해야 할까, 낙천적이라고 해야 할까. 아무튼 그의 투철한 직업의식만큼은 보통 사람이 쉽게 따라갈 수 없어 보인다.

한 사장의 리더십에는 3가지 원칙이 있다.

첫 번째, 실패에서 배워야 한다. 실패를 대수롭지 않게 생각하는 직원은 크게 혼쭐이 나고 만다. 그러나 한 사장은 이에 대해 스스로 아파하는 직원에게는 절대로 '매'를 드는 법이 없다.

두 번째, 사장이 보지 못하는 것을 봐야 한다. '처음처럼'을 빠른 시간 내에 소주시장에 안착시킬 수 있었던 것도 이 때문이다. 당시 어느 신입사원이 업주 공략이라는 기존의 소주 마케팅 공식을 완전히 뒤집는 '길거리 마케팅'을 제안했을 때 이를 적극적으로 받아들여 밀어붙인 사람은 다름 아닌 한 사장이었다. 마치 '사장'이라도 된 것처럼 큰 틀을 뒤집는 제안을 하는 직원이야말로 한 사장이 가장 먼저 들어 쓰는 인재다.

세 번째는 업무에 먼저 충실해야 한다. 영업사원이 네트워크를 쌓는다며 사람들과 어울려 놀기만 해서는 크게 성공할 수 없다는 게 한 사장의 지론이다. 이 때문에 두산주류 영업사원들은 소주 하나만큼은 전문가 수준 이상의 지식을 갖추고 있다. 이는 한 사장이 거래처를 돌기 전에 '공부'부터 하라고 독려했기 때문이다.

한기선 사장은 주류업계의 '미다스의 손'이다. 임페리얼, 참이슬, 처음처럼 등 손을 댄 술마다 히트시켰다. 두산주류에 재직하면서 이룬 가장 큰 업적도 '처음처럼'의 성공적인 소주 시장 안착이다. 2006년 3월에 출시된 처음처럼은 알칼리 환원수를 사용한 소주로 한 사장이 친정 시절에 히트시켰던 참이슬을 정조준했다. 그 뒤 전국 점유율 10퍼센트를 넘기며 참이슬의 독주 체제를 무너뜨렸다.

한 사장으로서는 자식 같은 참이슬과 싸우는 게 썩 기분 좋은 일은 아니었겠지만 두산주류로서는 30년 묵은 숙원사업을 결국 이뤄낸 셈이었다. 처음처럼은 소주 신제품 사상 최단 기간 판매기록을 잇달아 갱신하는 등 참이슬의 수많은 기록을 갈아 치우기도 했다.

두산주류의 노사 관계를 안정시킨 것도 한 사장의 공로가 컸다. 한 사장은 취임 일성으로 '상생의 노사관계'를 외치며 화합을 다짐했다. 패배주의마저 감돌던 회사에 처음처럼 출시와 함께 '한번 해보자'는 분위기를 만들어내기 위해 온갖 노력을 다했다. 그 중 하나가 '가족에게 편지쓰기'다. 한 사장은 본사 공장의 영업 일선 등에서 고생하는 직원들을 격려하기 위해 그들이 아닌 그들의 가족에게 감사 편지를 보냈다.

"신제품이 출시된 이후 많은 직원들이 밤낮을 가리지 않고 열심히 해준 덕분에 처음처럼은 기대 이상의 성과를 올리고 있으며, 이러한 성과는 직원들을 가장 가까이서 격려하고 지원해주시는 가족들의 힘이 함께하고 있는 것을 잊지 않고 있다"는 메시지와 함께 케이크도 전달했다.

이렇게 가족을 챙기는 사장의 마음 씀씀이에 감동하지 않을 직원이 있었을까.

소리 없는 실력자

_황두열 한국석유공사 사장

황두열 사장은 1943년 울산에서 태어났다. 어린 시절 6·25전쟁을 겪었으며 부친의 사업을 따라 부산, 경주, 울산 등에서 자랐다. 울산중학교를 나와 부산상고에 진학했다. 고등학교 시절 주산 실력은 3급. 부산대 경영학과를 졸업하고 ROTC로 군복무를 마쳤다. 군대에선 경리장교를 했으나 SK(주) 전신인 대한석유공사에 입사해선 영업에 투신했다. 영업소장, 부장, 이사, 상무, 전무 등을 거쳐 2001년 대표이사 부회장에 올랐다. SK 고문으로 재직 중이던 2005년 11월 공모를 거쳐 한국석유공사 사장에 발탁됐다. 석유공사 사령탑을 맡아 한국의 해외 자원개발을 진두지휘하고 있다. 대통령자문 지속가능발전위원회 위원, 전국경제인연합회, 지속가능발전기업협의회 부회장 등으로도 활동 중이다.

직장에서 주류에 있지 않으면
그 성장에는 한계가 있다!

40년 기름쟁이, 황두열 사장이 세상 살아온 이야기를 들려주기로 약속한 날 저녁. 그는 약속시간보다 40분 정도 이른 6시 20분쯤 신문사 편집국에 도착했다. "좀 일찍 오셨네요"라고 인사말을 건네자, "영업맨으로 30년 이상 일하다 보니 약속시간보다 먼저 오고 나중에 가는 것이 체질이 됐습니다"라며 악수를 청한다.

황 사장의 첫인상은 '시골 이장'에 가까웠다. 키는 그리 크지 않았지만 체구는 당당했다. 내민 손은 두툼했으며 약간은 거칠었다. 온화하면서도 미소를 잃지 않는 얼굴이 편하기만 하다. 자리를 함께하기로 한 기자들과 일일이 인사를 나눈 뒤 근처 작은 식당으로 자리를 옮겼다. 황 사장은 반주로 주저 없이 소주를 택했다. 다만 술을 잘 못하는 동석자들을 위해 맥주를 시키는 것도 잊지 않았다. 황 사장은 청탁淸濁을 가리지 않고 말술도 사양치 않는 천하의 애주가. 이날도 역시 오는 잔을 마다하질 않았다. 다만 절대 강권하는 법은 없었다. 얼굴은 약간 붉어졌지만 자세는 전혀 흐트러지지 않았다. 주선酒仙들이 그렇듯, 화법은 구수하고 조용했다. 하지만 직장인의 자세 등에 대해서 말할 때는 힘이 실렸다. 황 사장의 거칠 것 없는 얘기는 3시간 넘게 계속됐다.

Q　유년 시절은 어떻게 보내셨나요?

A　지금은 돌아가셨지만, 아버지께서 경주와 울산에서 이런저런 사업을 하셨다. 양화점도 하셨고 서점도 하신 것으로 기억한다. 내가 초등학교 5학년 때는 울산에서 청과상도 하셨다. 도매도 하시고 소매도 하시고……. 나는 학교 끝나면 장사를 도와드렸다. 그때부터 중학 3학년 때까지 아버님을 도왔으니 5년쯤 될까. 돌이켜보면 그때 부친을 도와드린 게 나의 30년 영업맨의 기초가 된 것 같다.

중학교는 울산중학교를 지원했다. 당시 공부 잘하던 학생들은 대부분 울산제일을 갔다. 울산제일은 공립이고 남학교인 데 반해 울산중은 사립이고 여학생이 여섯 반, 남학생 두 반이었다.

거기를 지원한 이유는 입학시험 쳐서 1등부터 3등까지는 입학금을 면제해준다고 해서다. 그거라도 아끼면 집에 보탬이 될까 싶었다. 형제가 7남매여서 아버지께서 다소 힘들어하신 기억이 있다. 당시엔 월사금을 두 달치 못 내면 수업에 못 들어가고 복도에 서 있어야 했다. 석 달치를 못 내면 집으로 돌려보내기도 했고……. 나도 그런 경험 있다. 하지만 입학금을 면제받으려고 입학한 것을 지금은 후회하고 있다. 나중에 완전히 여학교로 바뀌었다. (웃음) 지금 울산학성여중이 됐다.

고등학교를 상고로 간 것도 같은 이유다. 당시 울산엔 울산농고와 사립 울산고가 있었는데 농고는 적성에 전혀 맞지 않을 것 같고, 울산고는 사립이었기 때문이다. 상고 나오면 사회에 빨리 진출할 수도 있고, 울산에서 가장 가까운 상고가 부산상고여서 그리로 갔다. 부산상고가 성적우수 학생에게 장학금을 준다고 한 것도 솔깃했다.

(중·고등학교 시절에 수재였을 것 같다는 질문이 나오자) 천만에. 중학교 때도 1등을 못해봤다. 2등 해서 입학금은 면제받긴 했는데 부산상고 들어갈 때는 장학금 못 받았다. 그냥 공부 열심히 하는 상위권 학생이었을 뿐이다. 고등학교 졸업 무렵에 괜찮은 데 취직하려는데 잘 안 되더라. 그래서 진학으로 바꿨다.

Q　청년 시절의 꿈은 무엇이었나요?

A　대학은 서울로 올 생각이었다. 그런데 실력이 좀 모자랐던 것 같다. 1960년대 초반엔 '동일계열 무시험제도'라는 게 있었다. 농고 출신 학생은 시험 안 보고 농대에, 상고 출신은 무시험으로 상대에 진학하는 거였다. 대학마다 일정 비율로 뽑았다. 그래서 상고 출신인 나는 서울대 상대를 1지망, 고대 상대를 2지망, 부산대 상대를 3지망으로 냈는데 1, 2지망에서 탈락했다. 다행히 부산대엔 붙었

다. 동일계열 무시험제도가 없었으면 아마 대학 못 갔을 거다. (이때 한쪽에서 '너무 겸손하신 것 아닙니까' 라는 비난(?)의 목소리가 나왔다. 그는 졸업 당시 열 손가락 안에 드는 우등생이었기 때문이다.)

학창 시절의 꿈은 철학교수가 되는 것이었다. 상고를 다니다 보니 한 손에는 주판을 끼고 다닐 수밖에 없었지만 다른 손에는 미학, 논리학, 인식론 같은 철학책을 들고 다녔다.

부산상고 시절에는 노무현 대통령을 전혀 몰랐다(노 대통령은 황 사장의 4년 후배다). 우선 고등학교를 다닌 기간이 달랐다. 내가 노 대통령을 안 것은 청문회 스타로 뜬 뒤였다. 1990년대 초, SK 사무실이 여의도에 있고 노 대통령도 여의도에 계셔서 그때 처음 만났다. 이성태 한국은행 총재도 만난 지 얼마 안 됐다. 동문회에 회비는 꼬박꼬박 내는데 참석은 잘 못했다.

Q 첫 직장생활은 어떠셨나요?

A 상당히 좋은 편이었다. (혼잣말로 '가만 보자' 고 한 뒤) 급여로 봤을 때 당시엔 한국화약이나 오비맥주 등이 톱 클래스였다. 삼성물산, 럭키, 대한석유공사가 다음이었다. (그는 대한석유공사에 입사했다.) 대졸 초임이 2만4천 원이었는데 장교 시절 1만1천500원에 비하면 두 배 이상 많았던 셈이다. (ROTC 출신인 그는 장교로 군생활을 했다.) 하숙비 7천 원 내고도 상당히 남았다. 그런데 늘 쪼들렸다. 한 달에 20일은 술을 먹었으니까. 세상에 술값 대주는 회사는 없지 않나. (웃음)

일은 처음엔 편했다. 공기업에다 독점이었으니 말이다. 예를 들자면, 석유 판매라는 용어를 쓰지 않고 배급이라고 했다. 그런데 1년도 채 지나지 않아 좋은 시절이 끝나더라. 호남정유(현 GS칼텍스)가 시장에 들어왔기 때문이다. 호남정유는 신생에다 민간이니 마케팅을 나긋나긋하게 잘 했다. 뻣뻣한 대한석유공사와는 달랐다. 때문에 우리 회사 시장점유율이 계속 곤두박질쳤다. 자고 일어나면 1퍼센트씩 줄어들었던 것으로 기억한다. 어떤 날엔 3퍼센트가 떨어지기도 했다. 1년 만에 점유율이 100퍼센트에서 65퍼센트로 추락했다. 그래서 밤낮으로 뛰어다녔다. 주유소를 찾아가 "우리도 달라지고 있다"고 얘기했다. 어떤 회사는 '대한석유공사 출입금지'라는 팻말을 내걸기도 했다. 거기를 무작정 찾아가 '이제 개과천선했다'고 하소연하기도 했다. (일제히 웃음) 다행히 이후엔 점유율 하락을 막아냈다.

Q　술은 그때 많이 드셨나요?

A　지금도 그런 경향이 남아 있지만 당시만 하더라도 영업 하면 술을 빼놓을 수 없었다. 주량은 소주 한 병 반에서 두 병 정도인데 죽기 살기로 마셨다. 서른여섯 살 때 병원에서 우연히 검진을 받았는데 의사가 위궤양이 심각하다고 진단했다. 직업이 뭐냐고 묻길래 영업맨이라 했더니 더 얘기도 안 하고 바로 위 절제술을 하더라. 수술 후엔 하루에 소량으로 여섯 끼 먹으라는 처방이 내려졌다. 석 달 정도 의사 말대로 했을 뿐, 회사 일이 어디 그렇나. 하루에 여섯 끼를 먹으면 회사일은 언제 하냔 말이다. 고민 끝에 밥은 정량대로 세 끼

만 먹고 술도 예전처럼 먹자고 결심했다. 접대를 하다 보면 소주 예 닐곱 병을 마시기가 일쑤였다. 그래도 술자리에서 취한 모습을 보인 적은 없다. 집에 도착하면 완전히 곯아떨어지고 말았지만 말이다. 담 배는 고등학교 졸업하는 날 피우기 시작해서 40년간 하루 두 갑씩 피우다가 5년 전 그만뒀다.

운이 좋아선지 승진은 빨랐다. 당시 대주주였던 걸프오일이 경쟁 체제로 바뀐 한국의 시장상황을 보고 기존 영업맨들로는 도무지 안 되겠다고 판단했는가 보다. 그래서 입사 2년 반 만에 과장으로 승진 할 수 있었다. 과장은 영어로 매니저manager가 아니고 슈퍼바이저 supervisor다. 인생에서 가장 기뻤던 순간이었다. 이후에도 사무소장, 부장, 이사, 상무, 전무까지 착착 올라갔다. 2001년 3월에 대표이사 부회장이 됐다. 부회장까지 된 것은 운칠기삼運七技三이라고 생각한 다. 공기업인 한국석유공사 사장까지 된 것은 말할 나위도 없다.

Q 회사생활을 하면서 지킨 원칙은 무엇이며 멘토가 있습니까?

A 군대에서는 경리장교였다. 제대 후 대한석유공사에 입사하 니까 관리과로 보내더라. 회계 서무 시절에 이런 일이었다. 상고-상 대-경리장교를 했으니 제격이라고 판단했을 거다. 그런데 나는 장교 시절에 경리가 체질에 맞지 않는다고 생각했고, 사회에 나가서 이 일 은 하지 않겠다고 결심했다. 경리장교한테 돈 빌리러 오는 군인들이 그렇게 많았다. 공금이 금고에 있다는 것을 알고 찾아오지만 그렇다 고 빌려줄 수는 없고 상당히 난처했다.

그리고 메인 스트림(주류)에 있지 않으면 한계가 있다고 느꼈다. 기업 활동의 꽃은 현장을 누비는 영업이다. 그래서 영업으로 바꿔달라고 요구했다. 안 바꿔주면 안 다닐 거라고 얘기하기도 했다. 젊으니까 배짱이 두둑했던 시절이다. 여기 아니라도 갈 데 많다고 생각했다. (이 대목에서 목소리에 다소 힘이 실렸다.) 회사에서 결국 영업으로 발령을 냈다.

멘토와 관련해선 딱히 누구를 역할모델로 삼지는 않고 있다. 대신 누구를 만나더라도 장점을 취하려고 노력했다. 굳이 말하자면 직장 초년병 시절 두 분에게서 많이 배웠다. 먼저 첫 출근했을 때 모신 김지현 영업소장이다. 그분은 심계원(현 감사원) 고시를 패스하고 한국은행 시험에도 합격한 수재였다. 내가 기안서를 올릴 때는 한 줄 쓰고 한 줄 떼고 해서 그분께 제출했다. 그분은 빈 줄에 깨알같이 써서 고쳐주시곤 했는데, 빈틈없고 야무진 일처리를 그때 배웠다.

후임 이기형 영업소장에게서는 투명성을 배웠다. 그분은 걸프오일에서 파견된 분이었다. 하루는 그분이 커피 한잔 마시자고 해서 마시고 내가 계산했다. 그리고 4층까지 올라가는데 내내 왜 나보고 계산했느냐고 따졌다. 소장님이 초대했고 내가 응했는데 예의가 아니라고 말해주시더라. 그리고 내 월급이 얼마고 당신 월급이 얼마인데 조목조목 얘기하면서 커피값을 주셨다. 그래서 받으니까 다방에 가서 영수증을 떼오라고 하셨다. 두 분의 가르침은 지금껏 내가 지키고자 하는 덕목이다.

Q　　석유공사 사장으로 오시니 감회가 어떠십니까?

A　　석유공사 사장 맡은 지 1년 반 정도 됐다. 이제 사장이란 호칭이 익숙해졌다. SK 시절 부회장이란 호칭에는 약간 거품이 들어가 있는 것 같기도 하고. 또 부副 자가 붙으면 왠지 힘이 빠지는 느낌도 있지 않나. (그는 주위를 둘러보고 한번 웃으며 원하는 사람에게 소주잔을 채워줬다.) 사장이 좋다.

잘 모르시는 분들을 위해 설명을 덧붙이자면 내가 SK에서 석유공사로 왔어도 컴백한 것은 아니다. 전혀 다른 회사다. 첫 직장은 대한석유공사이고 지금은 한국석유공사로 전혀 다른 회사다. 1968년에 입사한 대한석유공사는 석유를 독점 판매하던 회사였다. 이 회사가 1980년 선경그룹에 인수돼 유공으로 이름을 바꿨고, 선경그룹이 1990년대 초반 CI(기업이미지) 작업을 하면서 SK주식회사가 된 것이다. 재미있는 것은 저 자신은 가만있는데 회사 이름과 대주주가 각각 세 차례나 바뀌었다는 거다. 정부-걸프오일코퍼레이션(지금은 세브론에 흡수합병됐음)-SK그룹이다.

지금 내가 있는 한국석유공사는 해외 유전개발과 비축 사업을 전문으로 하는 기업으로 1979년 설립됐다. 그러니까 컴백한 것이 아니고 새로 입사한 거라고 보면 된다.

공기업으론 한국석유공사밖에 모르지만, 밖에서 보는 공기업과는 완전히 다르다. 정리정돈이 잘돼 있으며 밖에서 생각하는 만큼 비난받을 일은 없다고 본다. 약점이라면 절차가 복잡하고 의사결정이 늦다는 것이다. 공기업 특성상 관리감독이 불가피하고, 보상체계도 민간기업과는 차이가 있다. 그런데 나는 직원들에게 보상체계와 관련해 닭이 먼저냐 달걀이 먼저냐 얘기하지 말라고 한다. 먼저 성취하면 보상은 따라오게 돼 있다.

Q 직장 초년병들에게 들려주고 싶은 조언은 무엇인가요?

A 나는 책임감과 창의력을 갖춘 사람을 인재라고 본다. 신입사원을 채용하거나 간부를 발탁할 때는 맡겨놓으면 최소한 자기 일은 다하겠다는 생각을 가졌는지 먼저 본다. 또 굳이 해야 한다면 남다르게 할 수 있는 사람을 선택한다. 보상을 먼저 거론하는 사람을 볼 때면 답답하다. 먼저 큰 보상을 내걸지 않더라도 맡은 바 일을 다

하면 보상은 나중에 저절로 따라온다. 직장 초년병들도 이 점을 염두에 뒀으면 하는 바람이다.

또 직장에서 성공하고 싶다면 프로 월급쟁이가 되라고 말하고 싶다. 월급쟁이가 온갖 것 다 하려고 하면 안 된다. 그러면 바람 들어가서 오래 버티지 못한다. 만약 직장을 나가겠다는 마음이 있으면 마흔 이전에 나가는 게 좋다. 프로니까 굽실거릴 필요도 없다. 나를 해고하면 회사 손해지, 내 손해가 아니라고

생각하고 당당하게 일하는 게 좋다.

또 되도록 회사에서 메인 스트림에 있을 것을 권한다. 주류에 있지 않으면 성장에 한계가 있다. 그러나 주류에서 버티려면 다른 업무도 두루 알아야 하고 가정생활도 원만해야 한다. 가정생활에 문제가 있으면 부장급 이상의 승진은 쉽지 않다.

내 좌우명은 여유여진餘有餘進이다. 너무 앞서가려 하지 않는다는 말이다. 골프에 비유하면 250야드 장타 치려고 애쓰지 않는다는 것이다. 180야드나 200야드 정도 보내는 데 페어웨이에 안착시키는 것을 목표로 삼는 자세다.

Q　지금까지 살면서 아쉬운 점이 있다면 무엇을 꼽을 수 있습니까?

A　여러 가지를 병행하지 못한 게 아쉽다. 학창 시절엔 철학교수가 되어보고도 싶었는데 안 됐고, 업무 탓에 가정생활에 충실하지 못했던 점도 마음에 걸린다. 지금까지 주례를 어쩔 수 없이 한 번밖에 서지 않았던 것은 가족들에게 아무것도 해주지 못한 스스로가 부끄러웠기 때문이다. 아내에게는 미안할 뿐이다. 통행금지가 있던 시절, 수시로 함께 술을 마시던 동료들과 집에 몰려가도 잔소리 한 번 안 하고 술국을 내오던 아내다. 내가 CEO까지 오르게 된 데에는 아내의 역할이 절반 이상이다.

2005년 10월 10일 한국석유공사 노동조합 사무실에 낯선 사람이 불쑥 찾아왔다. 노조 관계자들이 "어떻게 오셨습니까"라고 묻자, "새로 사장으로 선임된 황두열입니다. 정부에 임명장 받으러 가기 전에 노조 임원들 한번 만나보려고 찾아왔습니다. 노조가 사장 취임에 반대한다는 말을 듣고 오해를 풀려고 방문했습니다. 사장이 노조 사무실을 찾는 게 전혀 이상할 게 없다고 생각했죠. 노조와 마음을 맞춰 회사를 발전시킬 수 있다면 뭘 못하겠습니까."

황 사장은 당시를 회상하며 이렇게 말했다. 노조는 다음 날로 예정된 취임식을 노조 동의 때까지 미뤄달라고 요구했다.

다음 날 아침, 황 사장이 정문을 들어서려고 하니 노조 관계자들이 막았다. 황 사장은 "전 직원들이 모인 데서 사장과 노조가 허심탄회하게 대화해봅시다"라고 제의했다. 노조가 물러설 수밖에 없었다. 황 사장은 이후 노조의 얘기를 경청했다. 회사에 도움되는 제안은 받아들이고 무리한 것은 거절했다. 원칙을 갖고 노조를 설득하고 부드러움으로 노조원을 포용했다. 당시 황 사장은 "저는 정부에서 임명해 3년 지나면 갈 사람 아닙니까. 회사의 진짜 경영진은 여러분들입니다. 일만 열심히 하십시오. 나머지는 제가 다 책임집니다"라고 강조했다. 황 사장은 '혁신'을 중시한다. 하지만 그의 혁신은 보여주기 위한 혁신이 아니다. 절차와 과정 상의 혁신은 자칫 잘못하면 '눈가림'으로 변질될 가능성이 있기 때문에 경계한다. 관리나 지원 등 후선부서를 대폭 줄이고 사업부서에 무게 중심을 뒀다. 사업의 핵심인 석유개발 부문엔 조직을 늘리고 인원을 더 배치했다. "민간기업이든 공기업이든 사업하는 회사는 성과로 말해야 합니다."

CEO
& COMPANY

황두열 전 SK 부회장은 한국석유공사에 '준비된 CEO'였다. 석유 등 에너지 분야 최고의 전문가답게 취임하자마자 비전을 제시했다. 바로 'Challenge 2050'이다. 10년 뒤에는 매출액 50억 달러, 영업이익 20억 달러, 확보 석유 매장량 20억 배럴을 달성하겠다는 것이다. 10년 동안 회사를 5배로 키워내겠다는 다짐이다.

이를 위해 황 사장이 가장 공들이고 있는 것은 5대양 6대주에서의 유전 확보다. 중동 의존을 낮춤으로써 에너지 자립도를 높여나가겠다는 계획이다. 이러한 성과를 얻기까지는 그리 오랜 시간이 걸리지 않았다.

석유공사는 추정 매장량이 20억 배럴인 나이지리아 해상광구 두 곳의 지분 60퍼센트를 사들였다. 카자흐스탄과 우즈베키스탄에서도 탐사권을 획득했다. 콩고와 멕시코만에서는 생산유전을 사들이기도 했다. 석유공사는 최근 2년간 탐사 개발 생산 등의 유전을 20개에서 37개로 확대했다. 멕시코만 유전엔 9억 달러나 투입했다. 더불어 석유공사 등 한국 지분이 40퍼센트인 러시아 서캄차카에선 매장량이 100억 배럴 이상에 달할 것으로 기대된다.

이처럼 석유공사가 전 세계에 뿌려둔 씨앗을 앞으로 잘 거두기만 한다면 황 사장이 제시한 목표는 무난히 달성될 것이란 전망이다.

타고난 비즈니스맨인 황 사장은 회사의 조직도 민간기업형으로 탈바꿈시켰다. 실제적인 사업 중심으로 체계를 개편하고 지원부서는 대폭 슬림화했다. 해외지사는 9개에서 13개로 늘렸으며 조만간 15개 이상으로 확대할 예정이다. 또한 회사 내에 석유기술연구원을 발족, 전문인력 양성에도 시동을 걸고 있다.

재계에 소문난 메모광

_ 김정만 LS산전 고문

김정만 고문은 1947년 부산에서 태어났다. 부산고와 부산대 경영학과를 졸업했다. 1973년 LG화학에 입사해 재무통의 길을 걸어왔다. 부회장이 된 이후로 신입사원 교육을 도맡아 할 정도로 인재에 대한 욕심이 많다. 최고의 후배를 키우는 게 상사의 덕목 가운데 하나라고 강조한다. 스스로도 인재가 되기 위해 1994년에는 MIT SLOAN SCHOOL에서 MBA 최고경영자 과정을 수료했다. 학구열은 누구에게 뒤지지 않는다고 자부할 정도다. '항상 변화를 추구하며 매사에 성실하고 최선을 다하자'가 좌우명이다. 본 내용은 2007년 5월, 그가 LS산전 부회장으로 있었던 당시의 인터뷰 기사를 정리한 것이다.

사람들은 운칠기삼運七氣三이라고 하는데
내 인생은 운삼기칠運三氣七이었다.
실력을 쌓기 위해 노력을 중시한다.
기회는 다시 오지 않는 법이다!

　　　　　　5월의 초저녁 무렵 서울 서대문 사거리 근처의 어느 허름한 보신탕집에서 김정만 부회장을 만났다. 환갑을 앞둔 그가 '특별히' 정한 장소이겠거니 했지만 실상은 달랐다. 술잔을 마주하고 앉아 "보신탕을 즐겨 드시나 봅니다"라고 말을 건넸더니 사실은 거의 먹지 않는다며 보신탕에 얽힌 이야기를 들려줬다. 김 부회장의 부모님은 불교 신자였다. 목에 탯줄을 감고 태어난 그에게 부모님은 "보신탕은 먹지 말라"고 신신당부했다. 일종의 미신 같았지만 그 말을 지켜오다가 몇 년 전 직원들을 따라 처음 보신탕집에 갔단다. 회식을 마치고 돌아오는 길에 배탈이 나 차를 세우고 호텔 화장실로 뛰어가야 했다. 이만하면 '보신탕집' 인터뷰는 마다했을 텐데 그는 다르게 말했다. "싫든 좋든 자신이 처한 현재는 기회나 마찬가지다. 다시 오지 않는 기회를 위해서라면 항상 최선을 다해야 한다. 오늘 이 음식도 이 순간에 여기에서만 먹을 수 있는 것이라고 생각하면 작은 의미의 기회라고 생각하고 최선을 다해야 한다"고 말한다. 김 부회장은 자기 병원을 가진 의사가 되고 싶었다. 하지만 의대 진학의 꿈은 여의치 않았다. 무역업을 하던 아버지의 사업 실패로 집안 형편이 어려워졌기 때문이다. 부산고를 졸업하고 3년을 방황하다 결국 부산대 경영학과에 진학했다. 그는 방황했던 3년을 가리켜 '인생의 암흑기'라고 말했다.

Q   학생 시절은 어떠셨나요?

A   (그는 쉽사리 이야기하지 않았다. "그게 인생의 전부가 아니다. 중요한 건 어려운 시절을 극복했다는 점"이라며 손사래를 치다 결국 몇 순배가 돌고 나서야 말문을 열었다.) 한번은 아버지가 이발을 하셔야 하는데 집에 돈이 없었다. 그래서 아버지 머리를 내 손으로 깎아드렸다. 그래도 대학은 갈 수 있었다. 집안 형편이 좋으셨던 고모님이 지원을 해주셨다. 당시 사립대 등록금은 국립대의 세 배 정도였으니 부산대 등록금이 아마 3만 원 정도였을 거다. 대학 가면 양복을 한 벌 사 입는데 형편이 못 돼 고모가 사주셨다. 태어나 처음 입은 양복을 고모에게서 얻어 입어야 했던 일을 두고두고 기억하고 있다.

(LG와의 인연을 맺게 된 계기를 묻자) 대학에 들어가보니 도서관 옆자리에 앉은 '법대 여학생' 외에는 낯익은 사람이 없었다. 고등학교 졸업 후에 방황하느라 허비한 3년 세월이 아깝단 생각에 공부를 시작했지. 그러다가 대학 졸업하던 1973년에 LG화학에 지원했다. 아버지가 '부산에서 가깝고 좋지 않느냐' 고 그러시더라. 처음엔 LG화학에 입사해서 내 성격에 맞는 영업일을 해보고 싶었다. 하지만 재무일을 맡기더라. 회사에 들어가보니 서울에서 내로라하는 대학 나온 친구들을 제치고 살아남을 수 있는 방법은 전문가가 되는 길뿐이었다. 그래서 세법 책을 사다가 손에 쥐기 좋게 토막을 냈다. 그러고는 무조건 외웠다. 세제 관련 법령이 왜 수시로 바뀌는지 그 배경까지 통달하게 되니까 사람들이 나를 '재무통' 이라고 부르더라.

Q　　'일벌레' 란 소문에 대해 말씀해주시지요.

A　　LG화학에 들어가서 부장을 달기까지 10년간 휴가를 한 번도 가지 못했다. 휴가를 반납하고 일을 한 덕택에 셀 수 없을 정도로 특진을 거듭했다. 그런데 '일벌레' 가 되니까 웃지 못할 일도 생기더라. 한번은 장모님이 집에 오셨다. 옛날엔 컴퓨터가 없어서 전부 손으로 써야 했다. 결산 때가 되면 밤을 샐 수밖에 없었는데 내가 하도 집에 안 들어오니까 장모님이 아내에게 "야, 이상하다. 김 서방이 바람났나 보다. 아침 일찍 전화해봐라"라고 말씀하셨다. 다음 날 아내가 전화를 걸었는데, 내가 용케 받아서 겨우 오해가 풀렸던 일도 있었다. 그때가 아마 1975년도였을 거다.

부장이 된 뒤에 LG화학의 울산공장으로 내려가면서 휴가를 낸 게 처음이었다. 그때는 큰 맘 먹고 자동차도 한 대 샀다. 가족을 태우고 울산에서 제일 가까운 경주에 들렀다가 남해안을 일주했는데 그동안 서운해하던 아내가 굉장히 고마워하더라. (웃음)

(직장생활 중에 힘든 때를 묻자) LG화학 CFO(재무담당 최고경영자·부사장) 시절이던 1999년이었다. LG산전(현 LS산전)의 구조조정을 지휘하라는 그룹의 지시를 받고 회사를 옮겼다. 당시 LG산전은 순차입금만 1조5천456억 원, 부채비율은 무려 1천368퍼센트에 달했던 때였다. 회사 정리를 하려면 대개 스태프를 데리고 오는데 나는 혼자 갔다. 무지하게 어려웠다. 사람 습관이라는 게 무섭다. 변화하길 싫어하고 안주하길 원하지 않는가. 산전에 온 지 벌써 8년이 넘었는데 지금도 그때 생각이 많이 난다. 구조조정을 하러 온 사람을 임직원들이 반길 리가 있나. 오랫동안 알고 지낸 임원들마저 부실사업을 정리하는 걸 두고 '설친다'고 했다. 어떤 사람은 면전에서 "여기는 LG화학이 아니다. 산전이다"라고 하기도 했다. 하지만 어쩌겠나. 어떻게든 회사를 살려야 했다. 나만 쳐다보고 있는 눈이 5천600개가 되는데 밤에 잠도 안 오더라. 2시간마다 깨곤 했다.

2001년에 사장이 됐을 때도 어려웠다. 영업전략을 바꾸기로 하고 임직원들을 설득하려고 나섰다. 나름대로 밤새 기술 공부도 하고 그랬지만 반발이 심했다. "돈 만지는 사람이 영업까지 가르치려 든다"느니, "제품도, 기술도 모르는 사람이 나서는 걸 보니 이제 우리는 망했다"고 푸념하는 소리도 들려왔다. 하지만 그럴수록 이를 악물고 기술 트렌드와 제품을 공부했다. 사람들은 나무만 보고 숲은 못 본다. 우리는 독점이니까 일본에서 기술만 들여와 물건을 만들어 팔면 된다는 거다. 그런데 그런 식으로 하면 궁극적으로 기업경쟁력이 떨어진다. 앉아서 영업하는 건 영업이 아니다. 대리점 사장 30년 해봤자 소용이 없는 거다. 그래서 "이제는 앉아서 하는 영업은 집어치워라. 고객을 찾아다니면서 팔아야 된다"고 했다. 3년쯤 지나니까 직원들이 바뀌기 시작했다.

Q　월급쟁이로 시작해 부회장직에 오르셨는데, 그 성공 비결은 무엇일까요?

A　업무처리를 깐깐하게 했다. 전자태그RFID 신사업팀을 꾸렸을 때의 일인데, 직원이 올린 사업계획서를 부족하다며 돌려보낸 것이 스물여덟 번에 달했다. 결국 스물아홉 번 만에 'OK'를 해줬다. 나는 문제가 되는 것을 그냥 못 두는 성격이다. 항상 바꾸라고 이야기하니까 직원들은 굉장히 고달프다. 직원들에게 미안하기도 하지만 모른 척하고 끝까지 버텼다. (웃음)

(오너가 있는 기업에서 전문경영인으로 성장하는 일은 쉽지 않다. 김 부회장은 LS그룹 CEO 가운데 유일한 전문경영인이다.) LS그룹(오너) 분들은 굉장히 겸손하다. 홍 회장님(구자홍 회장을 그는 홍 회장님으로 불렀다)을 한 달에 한 번씩 정책간담회서 뵙는데 정말 대단하신 점은 일을 한번 맡겨놓으면 전혀 간섭을 안 하신다. 그래서 책임감을 더 느낄 수밖에 없다. 특별한 백그라운드가 없는 나에게 유일한 방법은 노력하는 것밖에 없었다. 2006년 12월에 부회장이 되었는데 바뀐 건 봉급이 조금 올라가고 차가 달라진 것 외에는 없다.

(직장생활 중 기억에 남는 순간을 묻자) 가장 기분 좋았던 기억은 특별보너스를 받던 때였다. 명절이 되면 상사의 특별보너스가 내려왔는

데 남들은 받지 않는 봉투를 혼자만 받는 것이 미안해 화장실로 달려
가 봉투를 열어보곤 했다. 돈은 많지 않았지만 돈보다는 기분이 다르
다. 명절을 앞두고 고향인 부산에 먼저 내려가 있는 아내에게 특별보
너스를 받았다고 전화로 소곤소곤 말하면 무척 좋아했다.

(앞으로 남은 꿈에 대해 묻자) LS산전이 2006년 연구개발R&D에 쏟은
돈은 582억 원이다. 해외 선진 기업들이 매출액 대비 2퍼센트 정도
의 투자를 하는 데 반해 LS산전은 매출액의 4.8퍼센트를 기술개발에
투자하고 있는 셈이다. 그 돈을 아끼면 내 실적이 될 수도 있다. 하지
만 미래를 위해서라면 내 실적은 포기해도 괜찮다. 나중에 사람들이
"그 친구 때문에 회사가 잘됐다"고 하면 그게 월급쟁이 최고의 기쁨
아니겠나? 사실 월급쟁이는 그런 명
예로 사는 거다.

Q 주량은 어느 정도이십니까?

A (김 부회장은 '비즈니스 음주'에
관해서는 나름대로 원칙을 갖고 있었다.
술잔을 기울일 때마다 그는 "나랑 잔을 부
딪히면 원샷을 해야 한다"며 잔을 비울 것
을 권했다.) 해외 영업처를 뚫기 위해
서는 술자리가 필요한 경우가 허다
하다. 최근 몇 년간은 러시아 바이
어들과 자주 만나는데 보드카를 즐

겨 마시는 사람들이라 몸을 던져서 마셔야 했다. 하지만 예의는 갖춰야 한다.

술자리에 나가보면 우리 멤버가 4명이고 상대방은 둘이 나온다. 그런데 한 사람이 전력청장 정도 되면 같이 나온 다른 사람은 비슷비슷한 위치다. 그럼 그 사람은 술을 못 마신다. 결국 청장 혼자서 우리 쪽 네 사람을 상대하는 셈인데 혼자만 취하면 안 된다. 그래서 한 사람이 원샷을 하면 다 같이 한다는 원칙도 세웠다. 취하더라도 다 같이 취해서 서로 믿음을 줘야 하니까 말이다.

김 부회장은 소문난 메모광이다. 주로 기자수첩을 이용한다. 일을 꼼꼼하게 하기 위해 시작한 것이 이제는 몸에 뱄다. 처음엔 업무에 관한 메모를 주로 했다. 크게는 해외사업, 국내사업으로 분류를 한 뒤 확인사항, 지시사항, 신규지시, 아이디어로 항목을 나눠서 적고 있다. 이 습관은 구본무 LG그룹 회장의 회의 스타일 때문에 생겼다고 한다. "구본무 회장님이 정말 좋으셨지. CFO는 모든 회의에 참석할 수 있게 하셨어요. 그게 저한테는 기회였습니다. 회의에 들어가서 보고 들은 걸 깨알같이 적어와 정리를 하곤 했는데 그때 정말 많이 배웠어요." 회사 직원들에게도 자신의 메모 스타일을 권하고 있다. 그 덕에 대부분의 LS산전 직원들은 모두 김 부회장이 만들어놓은 1일 메모첩을 지니고 다닌다. 새벽 4시에 일어나 집 근처 초등학교를 한 바퀴 뛰고 돌아오면 오전 6시. 과일과 고구마로 아침식사를 마친 뒤 8시 10분이면 회사에 나와 신문을 보며 하루를 시작한다. 이때 필요한 것이 메모장. 요즘은 신문과 인터넷에 나온 유머와 와인, 음식 관련 정보까지 속속들이 적어놓는다. 지금껏 사용한 메모장은 열댓 권이 넘는다.

김 부회장은 메모의 원천으로 신문을 꼽았다. "집이나 사무실에서 한국경제신문은 꼭 챙겨봅니다. 회사 일에만 집중하다 보니 재테크는 아내가 맡아서 하는데, 경제신문을 챙겨보면서 투자처를 찾더라구요." '미치지 않으면 이르지 못한다'는 뜻의 사자성어 불광불급不狂不及이라는 말을 가장 좋아한다. 이 때문에 골프도 독하게 했다. "연습을 많이 할 때는 하루에 천 개도 쳤습니다. LG화학에 있을 때에는 LPGA투어에 출전하는 여자 선수들처럼 허리가 나긋나긋해질 정도로 연습을 했지요" 하며 웃었다. 그때 싱글 골퍼가 됐다. 하지만 요즘에는 옛날에 치던 이들과 가끔 필드에 나가면 놀라는 사람들이 많다고 한다. "아니 김 부회장, 실력이 왜 이렇게 줄었어? 완전히 망가졌네"라는 놀림을 받는다고…….

Style 2

일에 미쳐 지냈던 김 부회장에게 부인 황선희 씨는 늘 든든한 버팀목이었다. 힘든 순간에 직면할 때마다 그림자처럼 그의 등 뒤를 받쳤다고 한다. 부인과는 맞선을 통해 만났다. 부인이 대학을 졸업하던 해였다. 김 부회장의 말을 빌리면 인물이 잘생긴 것도 아니고 키가 큰 것도 아니었단다. 하지만 '누군가를 위해 자신을 희생할 수 있는 여자, 가정을 최우선으로 생각하는 여자'라는 느낌을 받았다고 한다. 서로 느낌이 통했는지 두 사람은 만난 지 보름 만에 약혼을 했고, 다시 보름 뒤에 결혼식을 올렸다. 장남 대현 씨(LS산전 근무)가 어릴 적에 심하게 앓아누웠던 적이 있었다. 다람쥐 쳇바퀴 같은 일상에 지친 그는 지쳐 잠이 들었지만 아내는 밤이 새도록 아들 머리맡을 지켰다. 미안한 마음에 '부정보다 모정이 낫다' 싶었지만 그 말은 차마 입에서 떨어지지 않았다.

"누가 물어본 적이 있어요. '다시 태어나도 지금 마누라를 만나겠느냐'고 말이지요. 저는요, 백 번 죽었다 깨어나도 우리 마누라와 살고 싶어요."

김정만 부회장은 2008년 1월 '고문'으로 경영일선에서 물러났다. 마지막 순간까지 그는 '부산 사나이' 기질을 버리지 못했다. "어떤 순간이든 최선을 다해야 한다"던 그는 인사 결정이 나던 2007년 12월, 함께 회사를 떠나는 임원들에게 전화를 걸었다. "이참에 우리가 회사 문화를 바꿔보자"고 했다. 인사 발령이 나면 바로 회사에 나오지 않는 임직원들 때문에 남아 있는 직원들이 업무 인수인계에 애를 먹어온 것이 마음에 들지 않았기 때문이다.

그는 12월 한 달을 꼬박 회사에 출근하며 업무에 열을 쏟았다. 지방 사업장을 돌며 '깐깐했던' 그와 함께 동고동락했던 임직원들을 일일이 만났다. 일을 할 땐 깐깐하기 짝이 없던 그가 떠날 때 직원들은 "이제는 좀 편하게 쉬시라"며 눈물을 흘렸다. 1973년 LG화학에 입사한 뒤 1999년 LS산전(과거 LG산전)으로 옮겨와 35년 '월급쟁이' 생활의 막을 내리는 순간이었다.

LG화학에서 '재무통'으로 잔뼈가 굵은 그는 LS산전이 경영위기를 겪고 있던 때 부사장 자리에 올랐다. 엘리베이터, 자동화 판매 등 과감한 구조조정을 통해 2000년 말 4천 퍼센트에 달하는 부채비율을 154퍼센트 이하로 낮췄다. '구조조정의 달인'이라는 별명을 얻은 것도 이때의 일이다.

회사 재무구조가 튼실해진 뒤에는 '부드러운 리더십'을 펼쳤다.

전자태그RFID, 자동차 전장부품, 전력용 반도체 등 신사업 모색에 정열을 쏟았다. 부산에 전력용 반도체 공단 부지를 직접 알아보러 다닐 정도로 열과 성을 다했다.

"뒷모습이 아름다운 사람이어야 합니다. 나가는 사람도 서운하고 나가는 걸 보는 사람도 서운한 게 가장 아름다운 퇴장이죠. 요즘 보면 불명예 퇴직하는 사람들이 얼마나 많습니까. 저는 그래도 회사를 살려놓고 떠날 수 있어 명예로운 퇴직인 셈입니다."

사장님, 소주 한잔 하시죠

지은이 / 손성태 외
펴낸이 / 김경태
펴낸곳 / 한국경제신문 한경BP
등록 / 제 2-315(1967. 5. 15)
제1판 1쇄 인쇄 / 2008년 5월 1일
제1판 1쇄 발행 / 2008년 5월 10일
주소 / 서울특별시 중구 중림동 441
홈페이지 / http://www.hankyungbp.com
전자우편 / bp@hankyung.com
기획출판팀 / 3604-553~6
영업마케팅팀 / 3604-561~2, 595
FAX / 3604-599

ISBN 978-89-475-2673-9
값 12,000원

파본이나 잘못된 책은 바꿔 드립니다.

처음처럼 과 한국경제신문 한경BP가 소주 한잔  쏩니다!

저희 사장님과 술 한잔 하고
오래간만에 동창들과 회포를 풀고 싶습니다! 싶습니다!
저희 팀장님과 술 한잔 하며 얘기하고 싶습니다!
취업 준비에 지친 우리 제자들과 한잔 하고 싶습니다!
부모님 생신입니다. 가족들이 다 모여 즐거운 시간을 갖고 싶습니다!

이런 분들은 간단한 사연을 적어 보내주세요.
두산주류BG와 한경BP에서 '처음처럼'을 지원해드립니다.

응모 방법

좌측에 사연을 적으신 후 우체통에 넣어주세요.

행사 기간 : 5월 1일~5월 31일
추첨 방법 : 매주 1회 각 50명씩
상품 내용 : 두산주류BG의 '처음처럼' 각 2상자

온라인에서도 참여 가능합니다. (처음처럼 웹페이지 : www.soju.co.kr)

보내는 사람

이름

주소

□□□ - □□□

요금수취인
후납부담

발송유효기간
2008.05.01~2008.05.31

서울중앙우체국
승인 제41016호

한국경제신문 출판법인

한국경제신문 한경BP

서울시 중구 중림동 441 한국경제신문 15층 한경BP

사장님, 소주 한잔 하시죠 담당자 앞

1 0 0 - 7 9 1